Jonas Schmidt, Katharina Röll-Berge

Politische (berufliche) Bildung für nachhaltige Entwicklung

Nachhaltige Ernährung in Unterricht, Schulalltag und Schulentwicklung fokussieren

Jonas Schmidt, Katharina Röll-Berge

Politische (berufliche) Bildung für nachhaltige Entwicklung

Nachhaltige Ernährung in Unterricht, Schulalltag und Schulentwicklung fokussieren

WOCHEN
SCHAU
POLITIK

Bibliografische Information der Deutschen Nationalbibliothek
Die Deutsche Nationalbibliothek verzeichnet diese Publikation in der Deutschen Nationalbibliografie; detaillierte bibliografische Daten sind im Internet unter http://dnb.d-nb.de abrufbar.

Alle Downloadmaterialien zu diesem Buch finden Sie unter:
https://www.wochenschau-verlag.de/Politische-berufliche-Bildung-fuer-nachhaltige-Entwicklung/41753
Bitte wählen Sie dort den Reiter „Downloads" an.
Das Passwort zum Öffnen der Dokumente lautet: **Tx7?rBf**

Dieses Symbol verweist auf Kopiervorlagen, die als Download zur Verfügung stehen. Die Kopiervorlagen sind für den direkten Gebrauch im Unterricht bestimmt.

Dr. Kurt Debus GmbH, Eschborner Landstr. 42–50, 60489 Frankfurt am Main
info@wochenschau-verlag.de
www.wochenschau-verlag.de

Gesamtherstellung: Wochenschau Verlag
Titelbild: Alexander Raths–stock.adobe.com
Gedruckt auf chlorfrei gebleichtem Papier
Print-ISBN 978-3-7344-1753-5
PDF-ISBN 978-3-7566-1753-1
https://doi.org/10.46499/2308
ISSN 2749-6988
eISSN 2749-6996

Inhalt

Vorwort

Das von der Deutschen Bundesstiftung Umwelt geförderte Projekt „Berufsschule meets Uni" wurde im Zeitraum von 2022 bis 2024 am Arbeitsbereich Politikdidaktik/Politische Bildung der Freien Universität Berlin durchgeführt. Als eine von 23 Initiativen, die Nachhaltigkeit in der Bildung aktiv fördern, wurde das Projekt „Berufsschule meets Uni" im März 2025 vom Bundesministerium für Bildung und Forschung und der Deutschen UNESCO-Kommission für das Engagement für BNE und die Globalen Nachhaltigkeitsziele der Vereinten Nationen mit der „Nationalen Auszeichnung – Bildung für Nachhaltigkeit 2025/2026" ausgezeichnet.

Im Zuge des Projektes wurden Unterrichtsmaterialien entwickelt, die die Zusammenarbeit mit Berliner Berufsschulen und Betrieben im Bereich Ernährung und Gastronomie im Rahmen von Unterricht, Seminaren und Lehrkräftefortbildungen begleiten und unterstützen. Für die Erprobung möchten wir dabei insbesondere den beteiligten Seminaren am Arbeitsbereich Politikdidaktik und Politische Bildung an der Freien Universität Berlin, der Emil-Fischer-Schule Berlin (OSZ Ernährung und Lebensmitteltechnik), der August-Sander-Schule Berlin und dem Entwicklungspolitisches Bildungs- und Informationszentrum e.V. (EPIZ) in Berlin danken.

In der vorliegenden Handreichung bündeln wir die Materialien, um sie für den Einsatz an Berufsschulen und in der beruflichen Orientierung an anderen Schulformen zu veröffentlichen. Das praxisaffine, Schüler:innen-nahe und individuell gut adaptierbare Material ermöglicht einen niedrigschwelligen Zugang zu einer politischen beruflichen Bildung für nachhaltige Entwicklung in der Schulpraxis.

Einleitung

Die Implementierung des Themas nachhaltige Entwicklung in berufliche Schulen und die berufliche Orientierung an weiteren Schulformen stellt eine zentrale Herausforderung und zugleich eine große Chance dar. In der beruflichen Bildung – an der Schnittstelle zwischen Schule, Arbeitswelt und individuellem Alltag – besteht ein hohes Potenzial, Nachhaltigkeit themenbezogen und praxisnah zu verankern. Auch die berufliche Orientierung in allgemeinbildenden Schulen spielt eine bedeutende Rolle, da sie berufliche Perspektiven im Kontext gesellschaftlicher Verantwortung vermittelt.

Ein zentrales Handlungsfeld nachhaltiger Entwicklung ist die nachhaltige Ernährung, die exemplarisch für die drei Dimensionen – Umwelt, Wirtschaft und Soziales – steht und so einen besonders zugänglichen und lebensweltbezogenen Anknüpfungspunkt für schulische Bildungsprozesse bietet.

Auf der ökologischen Ebene steht die Reduzierung negativer Umweltauswirkungen durch Landwirtschaft und Konsum von Lebensmitteln im Vordergrund. Individuell kann durch den Konsum regionaler und saisonaler Produkte, den Verzicht auf stark verarbeitete Lebensmittel sowie die Reduktion tierischer Produkte zur Verringerung von Treibhausgasemissionen und Biodiversitätsverlust beigetragen werden. Auf struktureller Ebene sind politische Maßnahmen wie die Förderung und Subventionierung im Agrarbereich, kommunale Regeln für Schulen (z.B. Bio-Anteil in Mensen) oder gesetzliche Regelungen zum Einsatz von z.B. Pestiziden relevant. Bildungsprozesse sollten nicht nur individuelles Verhalten thematisieren, sondern auch diese politische Steuerungsinstrumente und globale ökologische Herausforderungen in den Blick nehmen.

Ökonomisch bedeutet nachhaltige Ernährung die Förderung fairer, transparenter und möglichst regionaler Wertschöpfungsketten. Individuell kann dies durch den Kauf lokal erzeugter und fair gehandelter Produkte sowie die bewusste Entscheidung für unter nachhaltigen Bedingungen hergestellte Lebensmittel erfolgen. Auf gesellschaftlicher Ebene geht es um die Transformation bestehender Strukturen: die Etablierung von Genossenschaften, soziale Landwirtschaft oder die Einführung verpflichtender Herkunftskennzeichnungen auf Produkten. Die Frage, wie ein Ernährungssystem gestaltet werden kann, das nachhaltig produziert und gleichzeitig Arbeitsplätze sichert, muss als gesamtgesellschaftliche Gestaltungsaufgabe adressiert und anerkannt werden.

Soziale Aspekte nachhaltiger Ernährung betreffen die Förderung der eigenen Gesundheit, Teilhabe und Gerechtigkeit. Durch informierte Entscheidungen kann die Gesunderhaltung und die interkulturelle Kompetenz in Bezug auf unterschiedliche Ernährungsweisen gestärkt werden. Strukturell relevant sind hingegen Fragen der Verfügbarkeit gesunder Lebensmittel in allen Lebensräumen, eine leicht zugängliche Schulverpflegung, die Regulierung von Werbung für ungesunde Lebensmittel oder auch das Recht auf gesunde Ernährung als Menschenrecht. Schulen können sich in diesem Kontext auch als Akteure im Sozialraum begreifen, die über den eigenen räumlichen Ort hinaus auf sozial gerechte Strukturen hinwirken.

Im Sinne der intragenerationellen Gerechtigkeit ist ein nachhaltiges Ernährungssystem so zu gestalten, dass es allen Menschen heute eine gesunde und ausgewogene Ernährung ermöglicht, unabhängig von sozioökonomischem Status oder Herkunft. Die intergenerationelle Gerechtigkeit wiederum verpflichtet dazu, Ressourcen so zu nutzen, dass auch zukünftige Generationen eine intakte Umwelt und gute Lebensbedingungen vorfinden. Ernährung als alltägliches Grundbedürfnis bietet daher einen niedrigschwelligen, aber zugleich systemisch relevanten Anknüpfungspunkt, um nachhaltige Entwicklung in der Bildung konkret nachvollziehbar zu machen.

Die Umsetzung in der schulischen Praxis lässt sich besonders anschaulich am Beispiel der Schulmensa oder Schulcafeteria verdeutlichen. Hier können beispielsweise schulinterne Leitlinien zur einer nachhaltigeren Beschaffung, wie die Verwendung regionaler und saisonaler Lebensmittel, die Reduktion von Fleischprodukten sowie die Minimierung von Verpackungsmüll, wirksam werden. Darüber hinaus können schulische Projekte wie Schülerfirmen in der Cafeteria nachhaltige Konzepte ökonomisch pilotieren und reflektieren. Solche Lernsettings und Lernumgebungen fördern nicht nur Fachwissen und berufliche Kompetenzen, sondern stärken auch soziale Verantwortung und Partizipation im Sinne des „whole institution approachs".

Insgesamt trägt die strukturelle schulische Verankerung nachhaltiger Ernährung zu einer ganzheitlicheren Umsetzung von BNE bei. Sie bietet einen alltagsnahen Zugang zu komplexen globalen Zusammenhängen und fördert reflektierte individuelle, berufliche und systemische Entscheidungen im Sinne einer zukunftsfähigen Gesellschaft. Für Lehrkräfte und Schulleitungen stellt dies ein relevantes Handlungsfeld dar, das sowohl curriculare als auch schulorganisatorische Entwicklungen erfordert und ein wichtiger Baustein der eigenen Schulentwicklung bzw. -transformation werden kann.

Am Beispiel der nachhaltigen Ernährung wird deutlich, dass die Herausforderungen unserer Zeit existenziell und gleichzeitig allgegenwärtig sind. Wie können Schüler:innen lernen, auf die vielschichtigen aktuellen ökologischen, ökonomischen und gesellschaftlichen Probleme zu reagieren – kritisch, informiert, lösungsorientiert und nach demokratischen Maßstäben handelnd? Das Konzept der Bildung für nachhaltige Entwicklung (BNE) bietet hierfür konzeptionelle Ansätze. Die politische Bildung ist aufgefordert, hieran anzuknüpfen und eine politische BNE zu entwickeln, denn es sind vor allem politische Entscheidungsprozesse, die eine demokratische Aushandlung der globalen Herausforderungen möglich machen können.

Wie kann eine solche politische Bildung für nachhaltige Entwicklung mit dem Schwerpunkt Ernährung aber umgesetzt werden? Im Rahmen dieser Publikation wollen wir dazu konzeptionelle als auch unterrichtspraktische Anregungen für eine politische berufliche BNE liefern. Bedeutsame Schnittstellen zwischen politischer Bildung und BNE werden dabei in Form der politischen Urteils- und Handlungskompetenzen, der politischen und nachhaltigkeitsbezogenen Mündigkeit und der Selbstwirksamkeit adressiert.

Im Kapitel 3 (Theorie) fokussieren wir daher zu Beginn die theoretische und konzeptionelle Ebene einer politischen beruflichen BNE. Dabei adressieren wir die Bedeutung des Politischen, werfen einen kritischen Blick auf die Gestaltungskompetenz, diskutieren notwendige Anpassungen und beleuchten die aktuelle Umsetzung von BNE in der beruflichen Bildung.

Methodische und didaktische Perspektiven der politischen Bildung auf nachhaltige Ernährung, die im Rahmen des Projekts „Berufsschule meets Uni" entwickelt wurden, stellen wir im Kapitel 4 (Didaktik und Methodik) vor.

Der Praxisteil (Kapitel 5) bietet umfangreiche Materialien zum Themenfeld nachhaltige Ernährung: für die Thematisierung im Politikunterricht, als Begleitung zur Ausbildungspraxis und für den Einsatz im Schulalltag unter dem „whole institution approach".

Ein Einblick in die Evaluationsergebnisse des Projekts „Berufsschule meets Uni" bietet Kapitel 6 (Forschung) und liefert damit gleichzeitig einen guten Ausgangspunkt für den Transfer (Kapitel 7) in die eigene (datengestützte) Schulentwicklung.

Theorie: Auf dem Weg zu einer politischen beruflichen Bildung für nachhaltige Entwicklung

Das Politische fokussieren

Die didaktische und fachliche Auseinandersetzung mit BNE war bisher überwiegend durch die pädagogischen Disziplinen geprägt. Vor dem Hintergrund der inhärenten politischen Dimensionen von nachhaltiger Entwicklung nimmt die Politikdidaktik aber einen wichtigen Platz ein. Die bisherige Berücksichtigung von nachhaltiger Entwicklung in der politischen Bildung ist noch nicht ausreichend (vgl. Overwien 2020), da BNE aufgrund ihrer Inhalte und insbesondere der mit ihr einhergehenden und notwendigen gesellschaftlichen Verständigungs- und Partizipationsprozesse als politische Bildung verstanden werden muss. Aktuelle Konzeptionen von BNE führen stattdessen häufig zu einer Entpolitisierung auf der Inhalts- und Handlungsebene. Die Thematisierung von Kontroversen und Ambivalenzen von nachhaltiger Entwicklung sowie das kritische Hinterfragen von Zielen und Lösungsansätzen wird dabei eher ausgespart (vgl. Brosi 2021). Eine politische BNE bietet hingegen mit ihrem erweiterten Framing viel mehr die Chance „kritisches, ambiguitätsbewusstes politisches Denken, dessen Ende […] durch gesellschaftlichen und politischen Diskurs erst ermittelt wird" (Brosi 2021: 4), zu fördern. Die Ambivalenzen in den Zielen einer nachhaltigen Entwicklung stellen eine prädestinierte Möglichkeit dar, „politische (Macht-)Strukturen, (globale) wirtschaftliche Probleme und gesellschaftliche Zusammenhänge" (Achour 2023: 375) zu fokussieren.

Fragen von nachhaltiger Entwicklung sind immer auch politische Fragen und weisen politische Dimensionen auf. Bei der Auseinandersetzung um nachhaltige Zukunftsgestaltung sind daher insbesondere politische Kompetenzen relevant und Bildung für nachhaltige Entwicklung (BNE) muss aufgrund der notwendigen gesellschaftlichen Austausch- und Beteiligungsformate als politische Bildung verstanden werden. Bedeutsame Schnittstellen zwischen der politischen Bildung und BNE können dabei in Form von Urteils- und Handlungskompetenzen, der politischen Mündigkeit und der Selbstwirksamkeit identifiziert werden. Der vorliegende Beitrag stellt Ideen für eine Kompetenzkonzeption einer politischen BNE vor und offeriert Einblicke in das innovative Kooperationsprojekt „Berufsschule meets Uni".

Gestaltungskompetenz – Fokus auf dem individuellen Handeln und Harmonisierung von Interessenkonflikten?

In aktuellen inhaltlichen und kompetenzorientierten Definitionen von BNE wird Lernenden und Lehrenden im Rahmen einer Individualisierung eine übergroße – eigentlich auf politischer und gesellschaftlicher Ebene liegende – Verantwortung übertragen, eine sehr starke Pädagogisierung angebahnt und Entpolitisierung nicht verhindert, sondern teilweise sogar befördert. Um die Chance, „kritische[s], ambiguitätsbewusste[s] politische[s] Denken" (Brosi 2021: 4) zu fördern, sollte jedoch der Gefahr der Individualisierung und Entpolitisierung stattdessen schon auf konzeptioneller Ebene deutlich entgegengewirkt werden. Die Konstruktion eines Kompetenzmodellansatzes für eine politische BNE stellt hierfür eine wichtige und zielführende Maßnahme dar.

Bildungsformate und didaktische Ansätze von BNE rekurrieren häufig auf das Modell der Gestaltungskompetenz (vgl. de Haan 2008). Wie bereits durch die Benennung deutlich wird, fokussiert das Modell auf Handlungs- und Problemlösekompetenzen und legitimiert sich interdisziplinär durch Bezüge zu den Nachhaltigkeitswissenschaften, den Erziehungswissenschaften und der Zukunftsforschung. Besonders deutlich wird in den Ausformulierungen der Kompetenzen die starke Individualisierung und die damit verbundene Verlagerung von Verantwortung auf den Einzelnen, die aus Sicht der politischen Bildung kritisch zu bewerten ist. Eine weitere Differenz, die sich aus dem Verständnis der politischen Bildung gegenüber der BNE zeigt, bezieht sich auf den Umgang mit Konflikten: In Ansätzen der BNE werden Konflikte im Kontext einer nachhaltigen Entwicklung zwar benannt, aber die damit verbundenen Zielkonflikte oft harmonisiert (vgl. Lillie/Meya 2016: 13) bzw. grundsätzlich die Auflösung der Konflikte präferiert.

Die aktuellen Ergebnisse der Mitte-Studie (2022/2023) verdeutlichen den Bedarf, BNE immer auch als politische Bildung zu denken. Bezüglich klimapolitischer Maßnahmen äußern beispielsweise fast 50 % der Befragten regressive, indifferente oder ambivalente Positionen (vgl. Reusswig/Küpper 2023: 301). Den Umgang mit diesen Ambivalenzen muss eine politische BNE und ihre Kompetenzkonzeption aufgreifen und über die individuelle Ebene hinaus „politische (Macht-) Strukturen, (globale) wirtschaftliche Probleme und gesellschaftliche Zusammenhänge" (Achour 2023: 375) thematisieren.

Politikkompetenz im Kontext von Nachhaltiger Entwicklung

In der (schulischen) politischen Bildung stehen die Befähigung zum Handeln und zur politischen Mündigkeit im Mittelpunkt der Kompetenzmodellierung. Im Kompetenzmodell von Detjen et al. (2012) werden Fachwissen, politische Einstellungen und Motivation sowie politische Handlungs- und Urteilsfähigkeit als Kompetenzdimensionen mit wechselseitigen Bezügen benannt (vgl. ebd.). Grundsätzlich und insbesondere im Kontext einer nachhaltigen Entwicklung zielt das Fachwissen dabei auf konzeptuelles Politikwissen ab, das ein kontextbezogenes und situationsadäquates Finden von Lösungen ermöglicht. Aufgrund der hohen Komplexität und Interdependenzen von nachhaltiger Entwicklung spielt im Zusammenhang mit politischer Einstellung und Motivation die kognitive Ebene eine hervorzuhebende Rolle. Die zu erwerbende Handlungskompetenz ist eng mit der konativen Einstellung und Motivation verbunden, die Verhaltensabsichten und die Bereitschaft zur Ausführung von politischen Aktivitäten umfassen. Die Urteilsbildung sollte im Themenfeld Nachhaltige Entwicklung auf Sach- und Wertebene erfolgen und ist grundsätzlich mit Mehrperspektivität und dem Aushalten von Interessenkonflikten verbunden. Zur Dimension des Handelns gehören neben dem Artikulieren, Argumentieren und Verhandeln auch der Aspekt des Entscheidens, die alle im Kontext von Nachhaltiger Entwicklung eine wichtige Rolle spielen.

Kompetenzen einer politischen BNE – Mehr als die Verknüpfung von Gestaltungs- und Politikkompetenz

Eine politische BNE soll beim Aufbau von Wissen unterstützen und politische Handlungs- und Urteilskompetenzen fördern. Dabei spielen insbesondere Werturteile in Form von Gestaltungsurteilen eine Rolle. Diese zielen auf Problemlösungsprozesse ab und sind eng mit dem politischen Handeln verbunden. Das Handeln sollte dabei im Kontext von nachhaltiger Entwicklung immer von der Abwägung zwischen Utopie und Realisierbarkeit ausgehen, die Ausrichtung der Aktivitäten auf die Zielerreichung sowie die (simulierte) Realisierung der Handlung anstreben und mit einer Evaluation und Bewertung des Handelns schließen.

Ein zentrales Bindeglied zwischen diesen prozeduralen politischen Kompetenzen und der BNE liegt aus unserer Sicht in der Selbstwirksamkeit. Unter Selbstwirksamkeit verstehen wir in diesem Zusammenhang die eigene Bewertung der individuellen Kompetenzen, eine (neue)

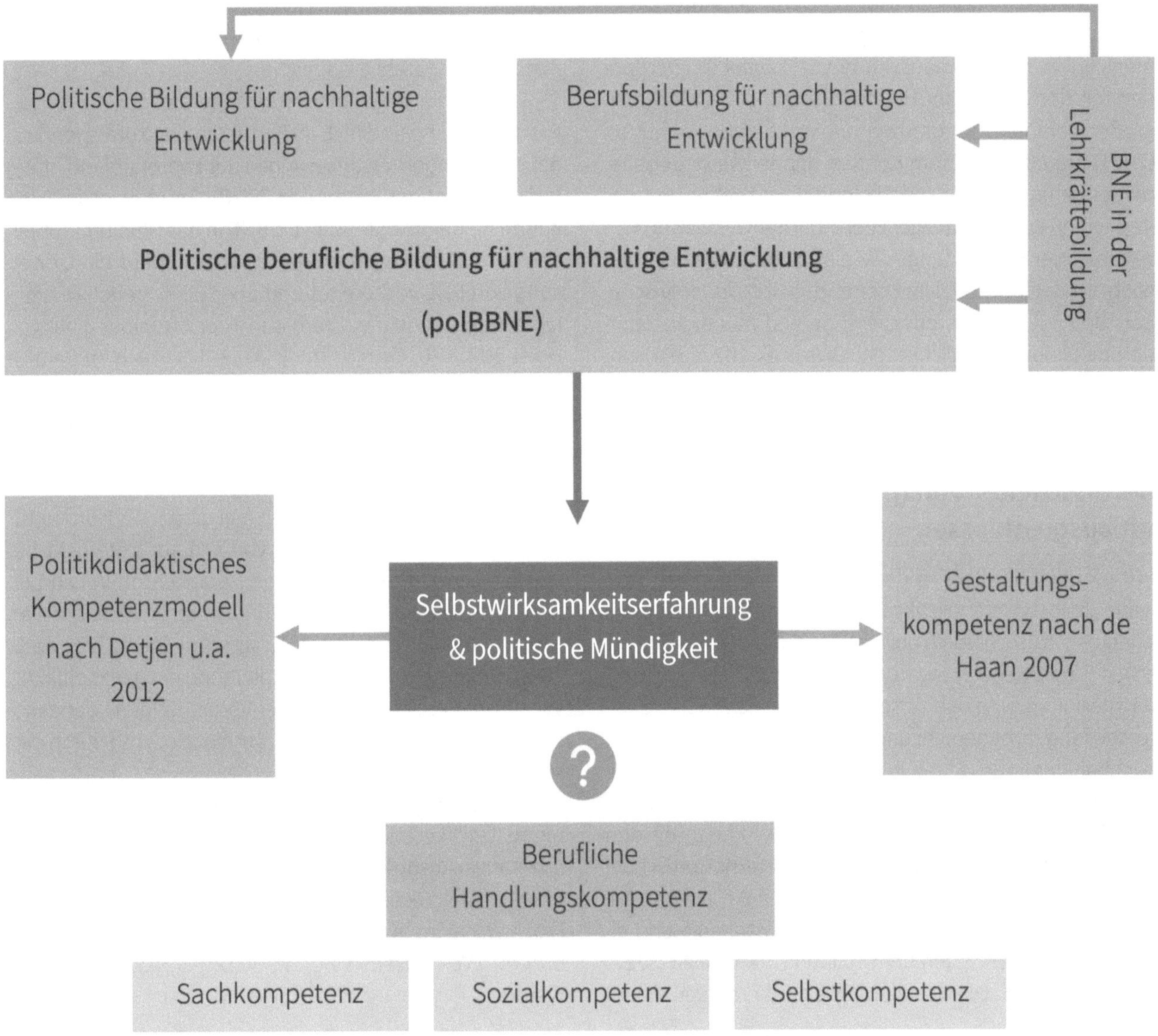

Abbildung 1: Konzeptionelle Verortung einer politischen berufliche BNE (Quelle: eigene Darstellung)

Handlung realisieren zu können. Diese Überzeugung kann auf individueller oder auf kollektiver Ebene verortet werden und basiert in diesem Zusammenhang auf bisherigen (Erfolgs-)Erfahrungen und indirekt wahrgenommen Erfahrungen. Zur Förderung der Selbstwirksamkeit ist daher aus unserer Perspektive im Rahmen einer politischen BNE das Ermöglichen von eigenen simulierten oder realen Erfahrungen oder die Wahrnehmung und der Austausch bezüglich der Erfahrungen von anderen Akteur:innen relevant. Die eigenen Erfahrungen können dabei von einer individuellen Ebene ausgehen, sollten aber auf keinen Fall ausschließlich auf dieser Ebene verbleiben. Für die Entwicklung einer hohen und nachhaltigen Selbstwirksamkeit halten wir individuelle oder kollektive Erfahrungen auf politischer Ebene für notwendig.

Die Chance einer stärkeren Verknüpfung von BNE und politischer Bildung zu einer politischen BNE fußt auf identischen Zielrichtungen der Ansätze, die jedoch unterschiedlich stark betont und umgesetzt werden: Exemplarisch können dabei die Bereiche Problemorientierung, Partizipation und Handlungsorientierung sowie der Erwerb von Selbstwirksamkeitserfahrungen genannt werden. Aus Sicht der politischen Bildung weist der Ansatz BNE jedoch Defizite hinsichtlich der „Politics"- und „Polity"-Dimensionen, der Thematisierung von Konflikten verbunden mit der Gefahr der Harmonisierung sowie der übergroßen Verantwortungszuweisung an Lernende auf. Brosi (2021) ergänzt in diesem Kontext den teilweise gegebenen einseitigen Fokus auf ökologische Aspekte und das Verbleiben auf individueller Ebene bei der Gestaltung von nachhaltiger Entwicklung. Weselek betont, dass ein Verbleib auf der individuellen Ebene „den Blick für politische, partizipative, kritisch-reflektierende und mündigkeitsfördernde Bildungsmöglichkeiten" (Weselek 2022: 391) einschränkt und damit den Möglichkeiten von politischer BNE nicht gerecht wird.

Berufsschule – von (politischer) BNE noch oft ausgeschlossen

Insbesondere im Bereich der beruflichen Bildung ist BNE keine „Selbstverständlichkeit" (Singer-Brodowski/Grapentin-Rimek 2019: 3). Auch politische Bildung ist in den beruflichen Schulen eher schwach repräsentiert. Diese duale Benachteiligung wird den Ansprüchen an eine moderne Berufsbildung nicht gerecht und verhindert die Diffusion von nachhaltiger Entwicklung in die unterschiedlichen beruflichen Professionen. Die berufliche politische BNE steht vor der Herausforderung, Nachhaltige Entwicklung mit den bestehenden Bildungsangeboten an den Lernorten Schule und Betrieb zu verknüpfen und somit den Ansatz als „Teil einer gesellschaftlichen Modernisierungsstrategie und einer zukunftsorientierten Berufsbildung" (Mertineit 2022: 243) zu stärken. Die Realisierung einer kompetenzorientierten politischen BNE ist daher im Bereich der Berufsschule besonders bedeutsam. Durch die unterschiedlichen Lernorte (Schule – Betrieb) und die Einbindung in die Praxis kommt der Selbstwirksamkeit eine hervorgehobene Rolle im Berufsschulkontext zu. Die Lernenden befinden sich dabei gegebenenfalls in einem zusätzlichen Konflikt, da in der Schule identifizierte Ziele einer nachhaltigen Entwicklung im Widerspruch zum aktuellen Handeln im Betrieb stehen können. Daher ist in diesem Kontext die Individualisierung und alleinige Verantwortungszuweisung an die Lernenden besonders kritisch zusehen und eine politische und systemische Vorgehensweise unabdingbar.

Durch die Erarbeitung der Standardberufsbildposition „Nachhaltigkeit" nimmt das Thema auf Ebene der steuernden Ordnungsmittel mittlerweile eine stärkere Rolle ein. Holst stellt jedoch fest, dass die Bezüge zu nachhaltiger Entwicklung in den Ausbildungsordnungen und Lehrplänen „allgemein gehalten" und „in nicht genuin nachhaltigkeitsorientierten Berufen häufig noch nicht systematisch [...] integriert" (2022: 1) sind. Die über Projekte hinausgehende Integration von BNE in der beruflichen Bildung ist weiterhin defizitär und nutzt die Chance, den Bildungsansatz als Modernisierungsstrategie auf dem Weg zu einer zukunftsorientierten Berufsbildung (vgl. Mertineit 2022) zu etablieren, nicht.

Die sich nur langsam verstärkende Umsetzung von politischer Bildung und BNE an Berufsschulen korrespondiert mit der geringen Verankerung in der Lehrer:innenbildung (vgl. Holst/Singer-Brodowski 2020). Trotz einer leichten Zunahme der Integration von BNE in das Studium, fühlen sich Lehrkräfte insgesamt noch nicht gut auf die Umsetzung von BNE vorbereitet und über 60 % geben die fehlende Integration des Themas in ihrer Ausbildung an (vgl. Holst 2022: 20, Grund/Brock 2022: 17). Auch im Bereich der Lehrkräftefortbildung bestehen Bedarfe zur Stärkung (vgl. Grund/Brock 2022: 18). Mit der Thematisierung von BNE im Studium bzw. der Teilnahme an Fortbildungen ist ein höheres Wissen und die häufigere Herstellung von Bezügen im Unterricht verbunden (vgl. ebd.). Als Hürden für die ausbleibende Umsetzung von BNE im Unterricht benennen Lehrkräfte die fehlende Verankerung in Lehrplänen, fehlende Fortbildungen und Unterrichtsmaterialien sowie mangelndes eigenes Wissen zum Thema (vgl. ebd.: 18 f.). Der Bedarf Lehramtsstudierende ein ganzheitliches Wissen im Bereich BNE in enger Verbindung mit den fachdidaktischen Kompetenzen zu vermitteln, wird durch diese Ergebnisse evident.

Das im Folgenden vorgestellte Projekt „Berufsschule meets Uni" verfolgt daher das Ziel, die quantitative und qualitative Ausgestaltung von politischer BNE an Berufsschulen zu stärken. Berufsschüler:innen sollen durch das Projekt nicht mehr „aus dem Nachdenken über die Zukunft unserer Welt" (Hemkes et al. 2022: 13) ausgeschlossen werden.

Methodik & Didaktik: Perspektiven der politischen Bildung auf nachhaltige Ernährung

„Berufsschule meets Uni" – Projekteinblicke

Mit dem von der Deutschen Bundesstiftung Umwelt (DBU) geförderten Projekt „Berufsschule meets Uni" wurden ausgehend von den benannten Defiziten und Desideraten im Bereich der politischen beruflichen BNE vier Kernziele verfolgt (vgl. Röll-Berge/Schmidt 2024):

(1) Konzeption und Evaluation eines politikdidaktischen Kompetenzmodells zur BNE
(2) Praxistransfer und Operationalisierung des politikdidaktischen Kompetenzmodells zur BNE für Lehramtsstudierende mit dem Fach Politische Bildung und Berufsschüler:innen im Berufsfeld Ernährung und Gastgewerbe
(3) Evaluation der Wirksamkeit der Praxisformate (Seminar und Workshops) und des Kompetenzmodells auf struktureller Ebene und auf Effektebene
(4) Dissemination der Ergebnisse durch Lehrkräftefortbildungen und didaktische Materialien

Die Grundidee bestand im ganzheitlichen Zusammendenken von politischer Bildung und BNE und der Stärkung von BNE in der beruflichen Bildung und in der Lehrkräftebildung, um bestehenden Potenzialen adäquat zu begegnen. Neben der konzeptionellen Arbeit erfolgten die exemplarische Fokussierung und Reflexion in der Praxis im Bereich „nachhaltige Ernährung". Dabei sollte zusätzlich zum Kennenlernen von Nachhaltigkeitsstrategien und damit verbundenen Schwierigkeiten durch das Ausloten von politischen Interessenslagen und Handlungsoptionen Raum für Urteilsbildung und Selbstwirksamkeitserfahrungen für Lehramtsstudierende und Berufsschüler:innen geschaffen werden.

Projektseminar

Im Rahmen des Projektes erfolgte die Konzeption eines Universitätsseminars für Lehramtsstudierende zum Überthema „Politische BNE an beruflichen Schulen". Das Seminar orientierte sich dabei in seiner Konzeption an ein Lehr-Lern-Labor und fokussierte neben dem Wissens- und Kompetenzerwerb die Planung und Reflexion von Workshops. In Vorbereitung der Planung und Durchführung des Workshops wurden die Teilnehmenden durch inhaltliche, didaktisch-pädagogische und methodische Inputs von der Seminarleitung, von Lehrkräften aus den kooperierenden Berufsschulen und von externen Bildungsträger:innen unterstützt.

Workshopreihe für Schüler:innen

Die konzipierten Workshops für Berufsschüler:innen wurden nach der Simulation mit kooperierenden Berufsschulen umgesetzt. Die Workshopmodule lassen sich unter folgenden Leitideen subsumieren:

(A) Problematisierung aktueller politischer Kontroversen zum Thema Nachhaltigkeit im Bereich Ernährung
(B) Betriebserkundung bei Caterern verbunden mit der Reflexion von Lösungen und Herausforderungen
(C) Entwicklung von Handlungsansätzen zur Nachhaltigkeitsentwicklung in einer Zukunftswerkstatt
(D) Präsentation der Ergebnisse in der eigenen Schule und Entwicklung einer politischen Agenda im Rahmen eines „Markts der Möglichkeiten"
(E) Austausch mit politischen und gesellschaftlichen Akteur:innen in Form eines „Speedtalks"

Abbildung 2: Seminarbausteine (Quelle: eigene Darstellung)

1. Problematisierung aktueller politischer Kontroversen zum Thema Nachhaltigkeit
2. Betriebserkundungen bei Caterern – Reflexion von Lösungen & Herausforderungen
3. Entwicklung von Handlungsansätzen in einer Zukunftswerkstatt
4. Präsentation der Ergebnisse auf einem Markt der Möglichkeiten in der eigenen Schule
5. Abschlussdiskussion mit Politiker:innen und Akteur:innen aus dem Themenfeld

Abbildung 3: Workshopmodule für Berufsschüler:innen

Inwiefern lassen sich Bildung für nachhaltige Entwicklung, Politische Bildung und die Gastrobranche – insbesondere der Bereich des Schulcaterings – auf einer inhaltlichen Ebene zusammendenken?

Umwelt-, Unternehmens- und sozial-relevante Aspekte lassen sich in allen für die Gemeinschaftsverpflegung relevanten Prozessphasen einer Großküche ausmachen, um Nachhaltigkeitsstrategien in den Berufsalltag zu integrieren:

- **Im Einkauf** spielen Regionalität und Saisonalität ebenso eine Rolle wie Lieferketten und Arbeitsbedingungen, aber auch Transportkosten und fairer Handel.
- **In der Verarbeitung** sind Energie- und Wasser- und Detergenzien-sparende Prozesse und Technologien von Relevanz, ebenso wie die Frage nach klimaschonenden Alternativen zu Fleisch.
- **In der Entsorgung** geht es neben der Abfallvermeidung (Einkauf von Großpackungen und Plastikvermeidung) um die Teilnahme an Recyclingsystemen und Foodsharingprogrammen, um die Nutzung von Biogas- und Kompostieranlagen, die Wieder- und Weiterverwendung von Lebensmitteln bzw. im Vorfeld bereits um eine bedarfsangepasste Bereitstellung von Gerichten und Portionsgrößen.

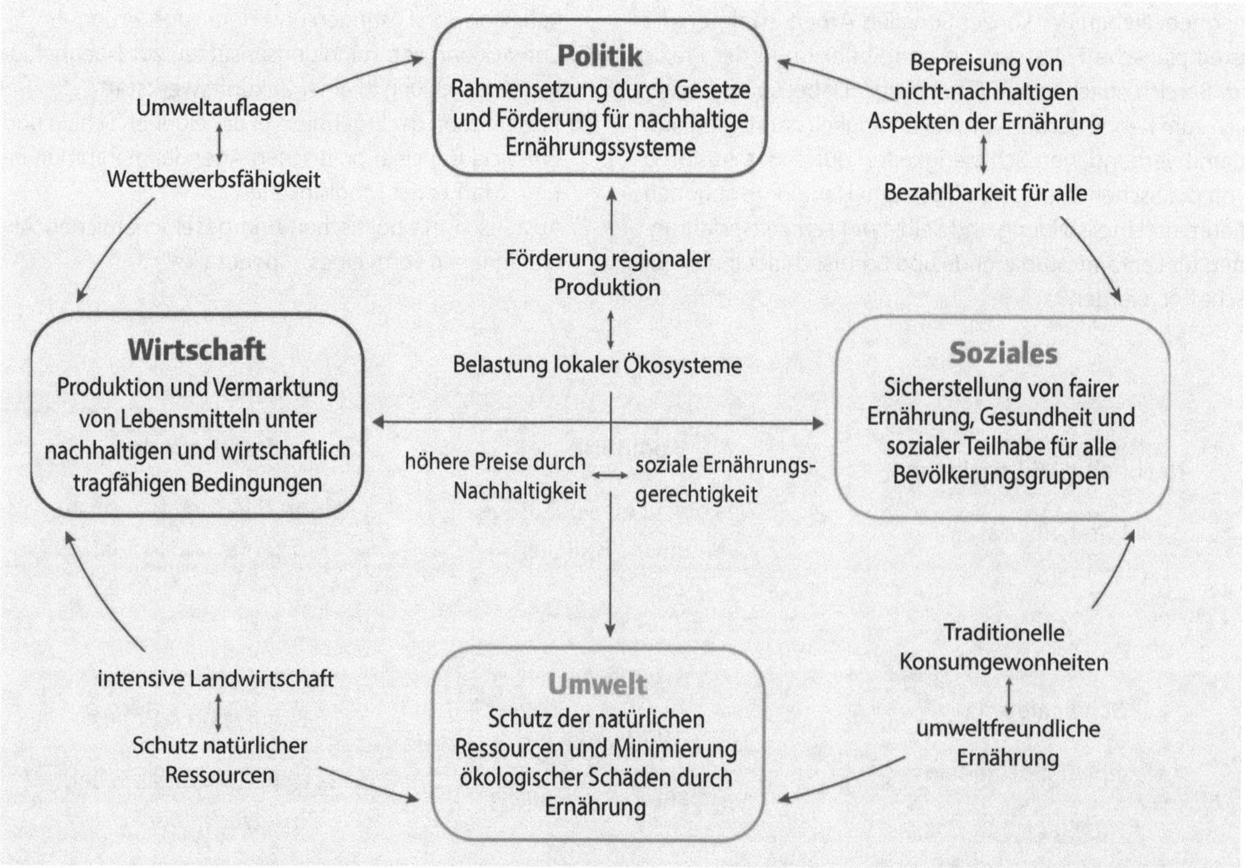

Abbildung 4: Zielkonflikte zwischen den Dimensionen nachhaltiger Ernährung (Quelle: eigene Darstellung in Anlehnung an den Orientierungsrahmen für den Lernbereich Globale Entwicklung)

- Auch **das Betriebsklima** kann unter Nachhaltigkeitsaspekten im Hinblick auf faire und geschlechtergerechte Löhne, Arbeitssicherheit, Ruheräume und -zeiten, wertschätzende Kommunikation und andere soziale Aspekte vertiefend untersucht werden.

Nachhaltigkeit in der Gemeinschaftsverpflegung lässt sich also anhand zahlreicher Inhalte thematisieren und diskutieren. Unter dem Anspruch einer politischen beruflichen BNE gehört neben der betrieblichen Perspektive und der Arbeitnehmenden-Perspektive jedoch auch die gesellschaftliche Perspektive mit in die Analyse und Betrachtung dieser Inhalte.

So kann beispielsweise darüber diskutiert werden, inwiefern das Lieferkettengesetz oder eine mögliche Fleischsteuer, ob Prämien für besonders energiesparende Caterer oder Sanktionen bei übermäßigem Foodwaste legitime und effiziente Instrumentarien darstellen, die zu einem nachhaltigen Wandel in der Gastrobranche in Deutschland führen könnten.

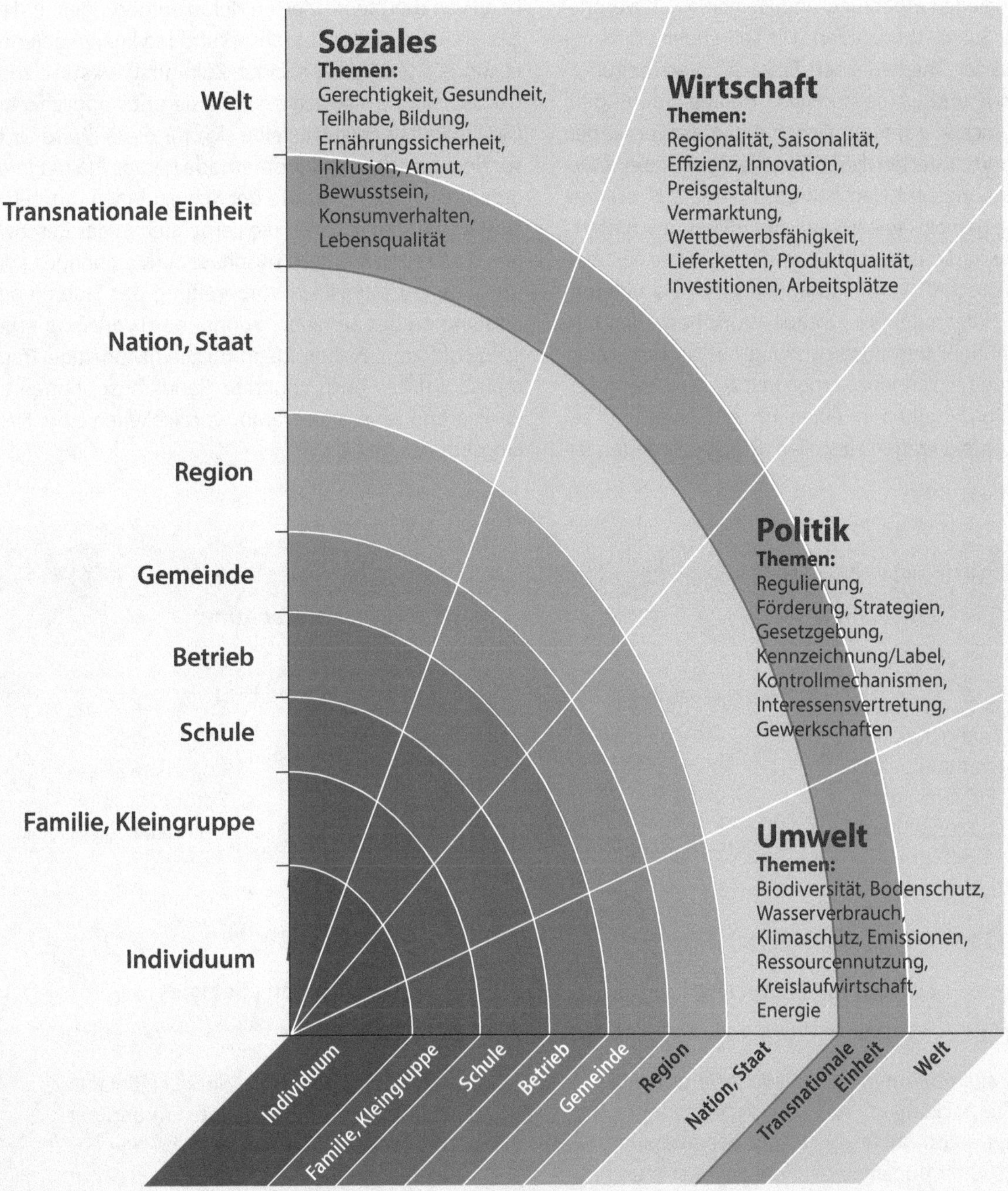

Die Viertelkreise deuten die einzelnen Ebenen quer durch die Dimensionen an. Je nach analytischem Zweck und aktueller Entwicklung kann es zweckmäßig sein, die Ebenen und Elemente anders auszuwählen.

Abbildung 5: Entwicklungsdimensionen nachhaltiger Ernährung (Quelle: eigene Darstellung in Anlehung an den Orientierungsrahmen für den Lernbereich Globale Entwicklung)

Das Ausmachen und Fokussieren von Zielkonflikten und Kontroversen zwischen den betroffenen Akteuren auf der Policy-Ebene sind dabei ein wesentlicher Bestandteil des Lernprozesses für die Schüler:innen. Auf diese Weise kann nicht nur Ambiguitätstoleranz gefördert werden, sondern politische Kontroversen werden auch verstärkt als zielführende Aushandlungsprozesse erlebt und die politische Urteilsfähigkeit der Lernenden gefördert. Je nach Kompetenzstand der Lerngruppe und verfügbarer Unterrichtszeit kann hierbei die kommunale, die nationale oder die globale Ebene der politischen Auseinandersetzung mitberücksichtigt werden.

Im Workshop 1 wurden aktuelle politische Kontroversen einer nachhaltigen Ernährung und Gemeinschaftsverpflegung in der Schule thematisiert. Die Lehrenden erarbeiteten dabei zu den Themenfelder „Einkauf", „Verarbeitung", „Entsorgung" und „Arbeitsumfeld" Herausforderungen, die im schulischen oder beruflichen Alltag der Lernenden bestehen, und clusterten diese. Gleichzeitig wurde eine Definition des Konzepts „Nachhaltige Entwicklung" erarbeitet, um eine gemeinsame Wissensgrundlage zu schaffen.

Einblicke in die praktische Umsetzung einer nachhaltigen Gemeinschaftsverpflegung konnten die Studierenden und Schüler:innen im zweiten Workshop erlangen. Im Rahmen einer Betriebserkundung bestand die Möglichkeit Lösungen kennenzulernen und zu den identifizierten Herausforderungen im eigenen schulischen und beruflichen Kontext Fragen zu stellen. Die Studierenden leiteten diese Erkundung an, indem sie im Vorfeld mit den Lernenden Fragen erarbeiteten und im Nachgang die Ergebnisse sicherten. Durch die Betriebserkundung können die Teilnehmenden direkte Einblicke in die Praxis gewinnen und organisiert der „Wirklichkeit" begegnen. Dabei stehen die Beobachtung von Handlungsweisen, der Abgleich mit der Theorie und die Befragung von Expert:innen im Mittelpunkt. Bei Betriebserkundungen können „Best-Practice"- oder „Worst-Practice"-Beispiele für den Erkenntnisgewinn gleichbedeutend sein. Im Idealfall können aus der Betriebserkundung Rückschlüsse für das eigene Handeln gezogen werden.

Im Workshop 3 entwickelten die Schüler:innen ausgehend von den identifizierten Herausforderungen und den z.B. im Rahmen der Betriebserkundung kennengelernten Lösungen im Rahmen einer Zukunftswerkstatt zuerst Utopien und im Anschluss Realisierungsmöglichkeiten. Die Zukunftswerkstatt stellte sich für diese Phase als besonders geeignete Makromethode heraus, da mit ihr die differenzierenden Bedarfe der Schüler:innen gut berücksichtigt werden und sich die Lernenden in der Beschwerde-, Utopie und Realisierungsphase aktiv einbringen konnten. Von der intensiven Vorbereitung der Studierenden im Rahmen des Seminars konnte der Workshop erheblich profitieren. Neben Ideen für die nachhaltige Traummensa wurden auch konkrete Handlungsoptionen entwickelt und jeweils die Verantwortlichkeiten bzw. Handlungsebenen geklärt.

Abbildung 6: Überblick über Themenfelder einer nachhaltigen Ernährung (Quelle: eigene Darstellung)

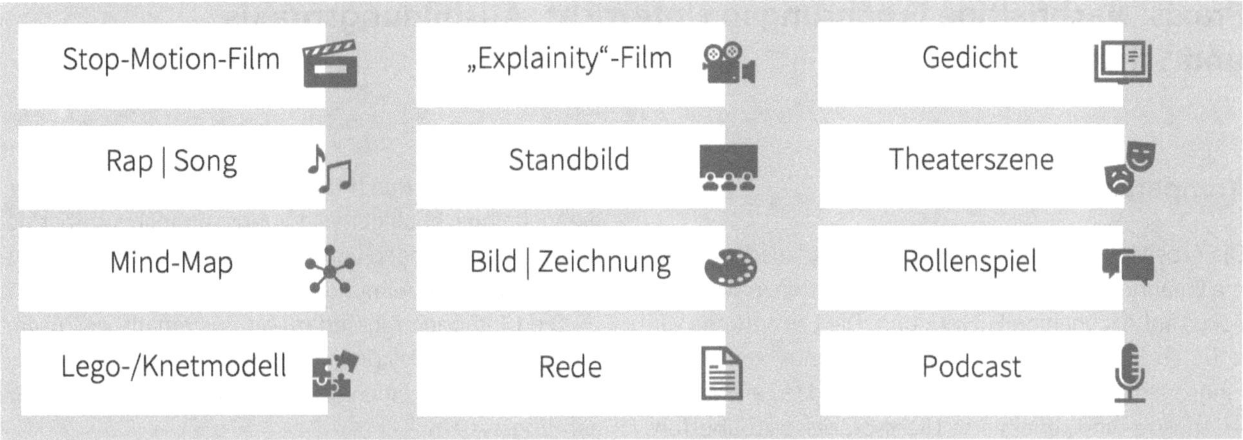

Abbildung 7: Möglichkeiten der Präsentation der Utopien (Quelle: eigene Darstellung)

Auf einem „Markt der Möglichkeiten" stellten die Lernenden im Workshop 4 ihre Ergebnisse anderen Schüler:innen und Lehrkräften der Schule in der Cafeteria vor. Dazu bereiteten sie gemeinsam mit den Studierenden nachhaltige Snacks und kleine Info- und Spielstationen vor. Bei der Verkostung von vegetarischen Aufstrichen oder gemüsebasierten Chips kamen die Projektteilnehmenden und die weiteren Mitglieder der Schulgemeinschaft über nachhaltige Ernährung und die Gestaltung der Mensa ins Gespräch. Besonders wichtig war für die Lernenden in dieser Phase die Chance zum Austausch und der Erhalt von Rückmeldungen zu ihren Ideen. Ausgehend von diesen Resonanzen und Erfahrungen entwickelten die Lernenden eine „politische Agenda" für den abschließenden Workshop, indem sie die Möglichkeit zum Austausch mit Politiker:innen und weiteren gesellschaftlichen Akteur:innen z.B. aus Gewerkschaften oder NGOs erhielten.

Den Abschluss der Durchgänge bildete die Diskussionsveranstaltung (Workshop 5) mit Schüler:innen, Studierenden, Politiker:innen und zivilgesellschaftlichen Akteur:innen. In der Berliner Landeszentrale für politische Bildung konnten die Lernenden die Ergebnisse aus den bisherigen Modulen vorstellen und in den Austausch über Herausforderungen und Umsetzungsmöglichkeiten gehen. „Speed-Talk"-Formate zwischen Schüler:innen und Studierenden auf der einen Seite und Politiker:innen und zivilgesellschaftlichen Akteur:innen auf der anderen Seite stellten den Kern der Veranstaltung dar. An mehreren Tischen wurde über die Möglichkeiten von Politik und Schule bei der Umsetzung einer nachhaltigen Gemeinschaftsverpflegung diskutiert, über die Wirkung von unterschiedlichen Maßnahmen inhaltlich gestritten und es wurden Tipps über nächste Schritte ausgetauscht. Durch die Veranstaltungen und die Wertschätzung durch die eingeladenen „Entscheidungsträger:innen" wurde zum einen die politische Selbstwirksamkeit der Schüler:innen und Studierenden gestärkt und zum anderen konnte ein politischer Austausch über die Realisierung einer nachhaltigen Gemeinschaftsverpflegung initiiert werden. Die Rückmeldung aller Beteiligten war in allen Durchgängen sehr positiv und von gegenseitiger Wertschätzung über die Teilnahmeerfahrung geprägt.

Praxis: Nachhaltige Ernährung in Unterricht, Ausbildungspraxis und Schulalltag

Kompetenzerwerb

Die Arbeitsmaterialien ermöglichen exemplarisch am Thema Ernährung einen umfassenden Kompetenzerwerb mit Fokus auf nachhaltige Entwicklung. Die Lernsettings verknüpfen kognitives Lernen mit erfahrungs- und handlungsorientierten Methoden und regen dazu an, Wissen in Analyse- und reflektierte Urteilsprozesse zu überführen. Die Struktur der Module unterstützt eine didaktisch vielfältige und problemorientierte Auseinandersetzung mit dem Thema nachhaltige Ernährung im Spannungsfeld gesellschaftlicher und politischer Diskurse.

Konzeptuelles Deutungswissen

Die Schüler:innen erwerben grundlegendes Wissen über zentrale Konzepte und Modelle nachhaltiger Entwicklung. In Modul A (Materialien A.1 und A.2) lernen sie die Begriffe „Nachhaltigkeit" und „nachhaltige Ernährung" kennen. Dabei wird das Spannungsfeld zwischen ökologischen, sozialen und ökonomischen Zielen thematisiert und kritisch hinterfragt. Begriffe wie Ressourcen, Konsum, Fairness und globale Gerechtigkeit werden erarbeitet und definiert sowie in Beziehung gesetzt.

Zudem wird im Hintergrundtext zu Modul C das Konzept der Bildung für nachhaltige Entwicklung (BNE) eingeführt. Dadurch verstehen die Schüler:innen nachhaltige Ernährung als ein ökologisches, soziales und wirtschaftliches Handlungsfeld, das systemische Denkweisen erfordert.

Kompetenzerwerb im Überblick:

- Begriffliche Differenzierung von Nachhaltigkeit und Ernährung
- Identifizieren globaler Verflechtungen (z. B. Lieferketten, Auswirkungen auf die Klimakrise)
- Verständnis politischer, wirtschaftlicher und gesellschaftlicher Zielkonflikte

Analysekompetenz

Analysekompetenz wird insbesondere in den Modulen B und D gefördert. In der Betriebserkundung (Modul B) untersuchen die Schüler:innen im beruflichen Alltag die mögliche Realisierung von Nachhaltigkeit. Sie beobachten, befragen und dokumentieren, um herauszufinden, wie nachhaltig ein Betrieb arbeitet und können Impulse für die Schule und eigene berufliche Praxis mitnehmen. In Modul D wird durch den „Markt der Möglichkeiten" die Vielfalt nachhaltiger Handlungsoptionen sichtbar gemacht – etwa anhand von saisonalen Produkten, Verkostungen und Mülltrennung.

Die Methoden regen dazu an, systematische Zusammenhänge und Zielkonflikte zu erkennen. Zudem analysieren die Schüler:innen die Rolle von Akteur:innen im Ernährungssystem.

Kompetenzerwerb im Überblick:

- Analyse komplexer Ursache-Wirkung-Zusammenhänge im Bereich nachhaltiger Ernährung
- Analyse betrieblicher, schulischer und gesellschaftlicher Nachhaltigkeitsstrategien
- Analyse individueller und kollektiver Handlungsoptionen

Urteilskompetenz

In den Modulen C und E liegt der Schwerpunkt auf der Urteilsbildung. In der Zukunftswerkstatt (Modul C) bringen die Schüler:innen zunächst ihre Kritik („So geht es nicht weiter") zum Ausdruck und entwickeln dann eigene Utopien für die Zukunft und konkrete Handlungsansätze („Aus Träumen wird Wirklichkeit") für die Umsetzung im Alltag, in der Schule und im beruflichen Umfeld. Diese kreative Urteilsbildung ist auch eng mit der Diskussion von normativen Fragen verbunden: „Wie soll eine nachhaltige Ernährung der Zukunft aussehen?", „Welche Werte leiten unser Handeln?"

Im abschließenden Modul E (Speed-Talk) treten die Schüler:innen in Austausch mit Entscheidungsträger:innen aus Politik und Gesellschaft. Diese Begegnungen fördern die Auseinandersetzung mit unterschiedlichen Standpunkten und das Abwägen verschiedener Argumente. Die Fähigkeit, eigene Positionen zu formulieren und zu vertreten, wird hier konkret geplant und direkt umgesetzt. Zusätzliche wird die Selbstwirksamkeit der Schüler:innen gestärkt, da die erarbeiteten Inhalte transferiert werden können.

Kompetenzerwerb im Überblick:

- Entwickeln normativer Urteile zu Fragen der Nachhaltigkeit
- Abwägen und Beurteilen unterschiedlicher Interessen und Perspektiven
- Begründetes Stellungnehmen zu politischen und gesellschaftlichen Konflikte

Material auf einen Blick

Übersicht — Workshop-Reihe: Politische berufliche BNE

Modul A	Hintergrund	Nachhaltigkeit & Nachhaltige Ernährung
		Nachhaltige Ernährung
	Methode	Kugellager
		Meinungsbarometer
	Material	A.1 | Nachhaltigkeit - Was heißt das eigentlich?
		A.2 | Nachhaltige Ernährung – gesund und bio?
Modul B	Methode	Betriebserkundung
	Material	B.1 | Vorbereitung der Betriebserkundung
		B.2 | Let's go Betriebserkundung
		B.3 | Und jetzt!? – Erkenntnisse aus der Erkundung
Modul C	Hintergrund	Bildung für nachhaltige Entwicklung
	Methode	Zukunftswerkstatt
	Material	C.1 | So geht es nicht weiter: Kritik- und Utopiephase
		C.2 | Aus Träumen wird Wirklichkeit: Realisierungsphase

Übersicht

Workshop-Reihe: Politische berufliche BNE

Modul D	Methode	Markt der Möglichkeiten
	Material	D.1 | Was wächst denn das? - Saisonkalender
		D.2 | Und wie schmeckt es? – Verkostung I
		D.3 | Und wie schmeckt es? – Verkostung II
		D.4 | Ab in die Tonne! - Mülltrennung
		D.5 | Quizvorlage

Modul E	Hintergrund	Politische Bildung für nachhaltige Entwicklung
	Methode	Speed-Talk
	Material	E.1 | Im Austausch mit Politik und Gesellschaft
		E.2 | Talk-Protokoll und Vereinbarungen
		E.3 | „Dating"-Profil
		E.4 | Reflexion zum „Speed-Talk"

Modul A: Was ist hier eigentlich das Problem? (Problematisierung aktueller politischer Kontroversen)

A | How To

Problematisierung aktueller politischer Kontroversen

Umfang: 120 Minuten

Material: Methode: Kugellager | Methode: Meinungsbarometer | A.1: Nachhaltigkeit – Was heißt das eigentlich? | A.2: Nachhaltige Ernährung – gesund und bio? (+ Themenkarten)

Verlaufsplanung

Zeit | Phase	Aktivitäten	Methode | Sozialform	Material
Einstieg *15 Minuten*	**Austausch zur eigenen Person und zum Thema „Nachhaltigkeit“** Als Impulse können für das „Kugellager“ folgende Aussagen verwendet werden: · bei neuer Gruppenkonstellation: Name, Grund für Teilnahme am Workshop · Ich esse am liebsten … | Ich verbinde mit Essen … · Nachhaltigkeit bedeutet für mich … · Ich interesse mich (nicht) für das Thema Nachhaltigkeit, weil …	Kugellager im Plenum	A | Methode: Kugellager ggf. Beamer | Tafel zur Visualisierung der Impulse
Problematisierung und Erarbeitung I *30 Minuten*	**Erarbeitung des Begriffs und Konzepts „Nachhaltigkeit“: Analyse von Definitionen, einer Karikatur und von schematischen Modellen** **Erstellung einer Übersicht zum Konzept „Nachhaltigkeit“**	Einzelarbeit | Gruppenarbeit	A.1 | Nachhaltigkeit – Was heißt das eigentlich? Flipchart-Papier, für die zu erstellenden Übersichten
Sicherung I *15 Minuten*	**Vergleich der Arbeitsergebnisse und Entwicklung eines gemeinsames Begriffsverständnis von Nachhaltigkeit für die Workshops**	Plenum	Arbeitsergebnisse aus der vorherigen Phase
Erarbeitung II *40 Minuten*	**Themen- und Problemsammlung „Nachhaltige Ernährung“** **Kennenlernen der Ziele für nachhaltige Entwicklung (SDGs)** **Erarbeitung eines Themenbausteins** · Auswahl/Zuordnung der Bausteine zu den Gruppen	Gruppenarbeit	A.2 | Nachhaltige Ernährung – gesund und bio? (+ Themenkarten) Tablets | PCs
Sicherung II *20 Minuten*	**Präsentation der Themenbausteine und Klärung von offenen Fragen** **ggf. Meinungsbarometer zur aktuellen Erreichung der SDGs bzw. zu Aussagen zu Nachhaltigkeit bzw. Nachhaltiger Entwicklung**	Plenum	Arbeitsergebnisse aus der vorherigen Phase ggf. Beamer (in Abhängigkeit der Ergebnisformen)

A | Hintergrund

Nachhaltigkeit & Nachhaltige Entwicklung

Nachhaltigkeit – Was heißt das eigentlich?

Die erste Verwendung des Begriffs **„Nachhaltigkeit“** ist in den Fortwissenschaften im 18. Jahrhundert zu finden. Von Carlowitz greift den hohen Holzbedarf und seine Folgen in einer Publikation auf und fordert eine kontinuierliche, beständige und nachhaltende Nutzung, die auch den Holzbedarf der Nachkommen bedenkt. In der sich anschließenden Industrialisierung verschwindet das Thema jedoch wieder in die Bedeutungslosigkeit.
Eine Re-Kontextualisierung des Themas Nachhaltigkeit leiten der im 20. Jahrhundert offensichtlich werdende Mangel an Ressourcen sowie Umweltkatastrophen ein. Die Studie des „Club of Rome“ (1972) lenkt den internationalen Fokus wieder auf das Thema Nachhaltigkeit, indem das unkontrollierte Wachstum kritisiert und ein „Zustand der globalen Balance“ gefordert wird. Im gleichen Jahr findet mit der „Konferenz der Vereinten Nationen über die Umwelt des Menschen“ die erste größere internationale Debatte statt.
Die heutige Verwendung des Begriffs **„Nachhaltige Entwicklung“** geht auf den Bericht „Our Common Future“ (auch bekannt als Brundtland-Bericht) der „Weltkommission für Umwelt und Entwicklung“ zurück: Nachhaltige Entwicklung soll dabei *„eine Entwicklung, die die Bedürfnisse der Gegenwart befriedigt, ohne zu riskieren, dass künftige Generationen ihre eigenen Bedürfnisse nicht befriedigen können“*, sein. Im Bericht wird auch zu einer Konferenz aufgefordert, der in Gestalt der „Rio-Konferenz“ 1992 Rechnung getragen wird, deren Ergebnis die Agenda 21 darstellt. In den folgenden Jahren wurden mehrere Programme zur Förderung einer „Nachhaltigen Entwicklung“ verabschiedet. Aktuell erfolgt die Ausrichtung an den 17 Nachhaltigkeitszielen (SDGs) der UN (siehe MATERIAL A.2).

Nachhaltige Entwicklung stellt ein multiperspektivisches Konzept dar, das in der Mehrheit der Modelle auf den drei Dimensionen **Ökologie, Ökonomie und Soziales/Gesellschaft** fußt und ein ökologisches Gleichgewicht, bei sozialer Gerechtigkeit und wirtschaftlichem Wohlstand fordert. Vereinzelt werden noch weitere Bereiche wie z.B. Politik oder Kultur ergänzt. Gemeinsamkeit aller Modelle ist die Idee, dass eine nachhaltige Entwicklung nur im Zusammenspiel der Dimensionen entstehen kann und die **intergenerationelle Gerechtigkeit** (zwischen Generationen) und die **intragenerationelle Gerechtigkeit** (auf globaler Ebene innerhalb einer Generation) berücksichtigen muss. Nachhaltige Entwicklung kann dabei von der lokalen Ebene bis zu globalen Ebene Berücksichtigung finden. Unterschiede zwischen den Vorstellungen bestehen in der Hierarchisierung der Dimensionen (vgl. MATERIAL A.1) und dem Aushandeln der entstehenden Zielkonflikte (z.B. zwischen Ökonomie und Ökologie).

Literaturhinweise

- bpb (2014): Nachhaltigkeit. Aus Politik und Zeitgeschichte. 64. Jahrgang. 31-32/2014.
- Gonstalla, Esther (2019): Das Klimabuch: Alles, was man wissen muss, in 50 Grafiken. oekom verlag.
- von Hauff, Michael (2021): Nachhaltige Entwicklung. Grundlagen und Umsetzung. 3. Auflag. De Gruyter Oldenbourg.
- Pufé, Iris (2017): Nachhaltigkeit. 3. Auflage. UVK Verlagsgesellschaft.

A | Hintergrund — Nachhaltige Ernährung

Nachhaltige Ernährung – mehr als „gesundes" Essen!

Das Thema nachhaltige Ernährung wird häufig mit dem Kauf von Bio-Produkten und einer gesunden Ernährung abgetan. Die Berücksichtigung von nachhaltiger Entwicklung im Bereich Ernährung und Verpflegung umfasst jedoch eine Vielzahl an weiteren Ebenen. Dabei lassen sich die möglichen Aspekte und Maßnahmen in die Handlungsbereiche Einkauf, Verarbeitung, Entsorgung/ Recycling und Rahmenbedingungen/Soziales clustern. In der folgenden Übersicht sind die Bereiche mit möglichen Fragestellungen und Themen dargestellt. Die Übersicht ist dabei nicht abgeschlossen und kann in Anpassung an den Ausbildungsgang, die schulischen Strukturen oder die Ziele der Unterrichtseinheit konkretisiert und/oder erweitert werden.

Einkauf

Bioprodukte	vegetarisch/vegan
fairer Handel	Verbrauchsplanung
Lieferantenauswahl	Zertifikate | Siegel
Regionalität	Selbstanbau
Saisonalität	Lieferketten
Tierhaltung	…

Verarbeitung

Gerätemanagement	Energieeffizienz
Ökostrom	CO_2-Abdruck
Kühlsysteme	Mengenkalkulation
Monitoring	Portionsgrößen
Heizung | Lüftung	Auslieferung
Wasserverbrauch	…

Entsorgung | Recycling

Mülltrennung	Weiterverwertung
Verpackungen	Foodsharing
Einwegprodukte	Kooperationen
To-Go-Produkte	Energiegewinnung
Kompostierung	Upcycling
Abfallreduktion	…

Strukturen | Soziales

Gästeinformation	Work-Life-Balance
Kommunikation	faire Entlohnung
Partizipation	Verträge
Schulungen	Gesundheitsschutz
Fortbildungen	Räumlichkeiten
Erfolge teilen	Gleichberechtigung

Literaturhinweise

- Schockemöhle, Johanna/Stein, Margit (2015): Nachhaltige Ernährung lernen in verschiedenen Ernährungssituationen. Verlag Julius Klinkhardt.
- Stomporowski, Stephan/Laux, Benjamin (2019): Nachhaltig handeln im Hotel- und Gastgewerbe. Maßnahmen erfolgreich einführen und umsetzen. UVK.
- Heinrich-Böll-Stiftung (2021): Fleischatlas. Unter: https://www.boell.de/de/2021/01/06/fleischatlas-2021
- Heinrich-Böll-Stiftung (2021): Agrar-Atlas. Unter: https://www.boell.de/de/2018/12/20/agrar-atlas-daten-und-fakten-zur-eu-landwirtschaft
- Heinrich-Böll-Stiftung (2017): Konzernatlas. Unter: https://www.boell.de/de/2017/01/10/konzernatlas

A | Methode Kugellager

Ziel

Mit der Methode „Kugellager" können Informationen, Positionen und Ideen in einer Gruppe ausgetauscht werden. Bei der Methode werden alle Teilnehmenden aktiviert und können sich in einem niedrigschwelligen Format beteiligen. Abhängig von der Ausgestaltung besteht die Möglichkeit, dass alle Beteiligten sich ausgetauscht haben. Die Methode „Kugellager" fördert das freie Sprechen, das aufmerksame Zuhören und das Formulieren eines eigenen Standpunkts. Durch den Austausch der Beteiligten untereinander kann die anleitende Person zurücktreten und kooperatives Lernen wird gefördert.

Anwendung

1. Die Gruppe bildet einen Innenkreis und einen Außenkreis. Immer zwei Teilnehmende sollen sich gegenüberstehen.
2. Die anleitende Person stellt eine Frage oder gibt ein Thema vor, zudem sich die Teilnehmenden austauschen sollen.
3. Nach einer zu wählenden Zeitspanne fordert die anleitende Person den Außenkreis auf, sich im Uhrzeigersinn einen Platz weiterzubewegen.
4. Die anleitende Person bitte jetzt die Teilnehmenden sich in der neuen Konstellation auszutauschen. Dabei kann die Frage oder das Thema identisch bleiben oder ein neuer Impuls gesetzt werden.

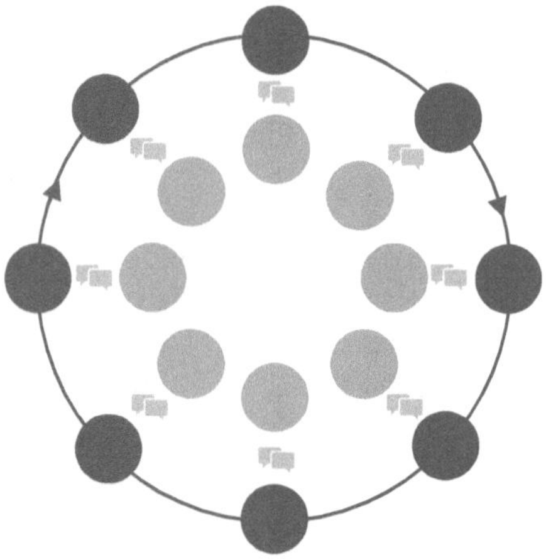

Die Methode kann auch im Sitzen durchgeführt werden. Bei einer ungeraden Teilnehmendenzahl kann ein Tandem in einem Kreis gebildet werden.

Einsatzmöglichkeiten

Die Methode kann zum **Kennenlernen** (Austausch von Namen, Interessen etc.) eingesetzt werden und ermöglicht den Aufbau von ersten Kontakten in der Gruppe. Ein „Kugellager" bietet sich aber auch zum **Einstieg in ein neues Thema** an, um Vorwissen, Ideen und Erfahrungen auszutauschen. In Vorbereitung auf die **Urteilsbildung** unterstützt die Methode das Wahrnehmen von verschiedenen Standpunkten und das Einüben von Erörterungsstrategien, um die eigenen Position zu vertreten.

Tipp

Für Expert:innen: *Mit der Methode „Kugellager" kann auch der Austausch von Arbeitsergebnissen erfolgen, wenn die Teilnehmenden in der Gruppe zu zwei unterschiedlichen Themen gearbeitet haben. Im Außenkreis sitzen alle Personen mit Thema A und im Innenkreis alle Personen mit Thema B. Im Gespräch wird das jeweilige Thema erläutert. Nach dem Wechsel muss jedoch nicht erneut das eigene Thema vorgestellt werden, sondern das gerade gehörte Thema. Die andere Person kann überprüfen, korrigieren und ergänzen.*

3. Erstellt mithilfe der Materialien M II und M III eine Übersicht (z.B. Mindmap) zum Thema Nachhaltigkeit bzw. Nachhaltige Entwicklung.

M II: Definitionen von Nachhaltigkeit bzw. Nachhaltiger Entwicklung

Nachhaltigkeit oder nachhaltige Entwicklung bedeutet, die Bedürfnisse der Gegenwart so zu befriedigen, dass die Möglichkeiten zukünftiger Generationen nicht eingeschränkt werden. Dabei ist es wichtig, die drei Dimensionen der Nachhaltigkeit – wirtschaftlich effizient, sozial gerecht, ökologisch tragfähig – gleichberechtigt zu betrachten. Um die globalen Ressourcen langfristig zu erhalten, sollte Nachhaltigkeit die Grundlage aller politischen Entscheidungen sein. (BMZ)

„Bei allem, was man tut, das Ende zu bedenken, das ist Nachhaltigkeit."

(Eric Schweitzer)

Nachhaltigkeit wird dabei als „ethisches Prinzip" verstanden, das als Querschnittsthema eine ganzheitliche Betrachtung von gesellschaftlichen Herausforderungen einfordert. Dabei wird die Verantwortung für die heute lebenden Menschen mit der Verantwortung für zukünftigen Generationen verbunden. Sie gilt jedoch nicht nur für die Politik, sondern auch für das Handeln eines jeden Einzelnen. Nachhaltigkeit beschränkt sich nicht einzig auf den Umwelt- und Naturschutz, sondern beschäftigt sich auch mit den Themenfeldern Ökologie, Ökonomie und Soziales. (Parlamentarischer Beirat für nachhaltige Entwicklung)

M III: Schematische Modelle zur Darstellung von Nachhaltigkeit bzw. Nachhaltiger Entwicklung

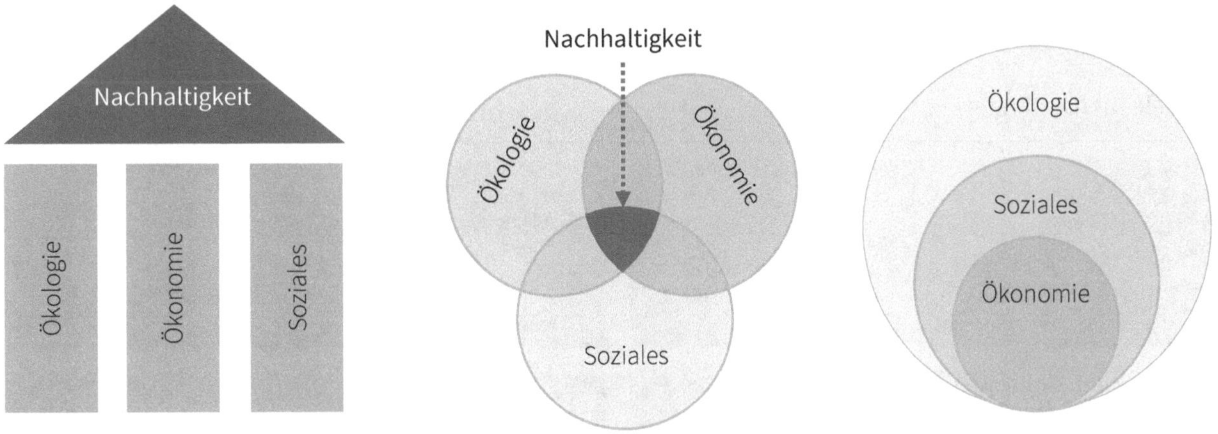

Hinweis

Die beiden Begriffe „Nachhaltige Entwicklung" und „Nachhaltigkeit" werden häufig als Synonyme verwendet. Durch den Begriff „Entwicklung" soll eher der Prozess beschrieben werden, durch den Begriff „Nachhaltigkeit" der wünschenswerte Zustand.

A.2 | Material — Nachhaltige Ernährung – gesund und bio?

Viele Menschen denken bei dem Begriff „Nachhaltige Ernährung" in erster Linie an gesunde Lebensmittel, die vielleicht sogar biologisch angebaut wurden. „Nachhaltige Ernährung und Verpflegung" umfassen jedoch eine Vielzahl von Bereichen und Fragestellungen.

1. Notiert Ideen, Aspekte und Fragestellungen, die eine „Nachhaltige Ernährung" betreffen könnten.
2. Betrachtet die 17 Ziele für Nachhaltige Entwicklung (Sustainable Development Goals) und ergänzt eure Ideensammlung, um weitere Aspekte.

M I: Ziele für nachhaltige Entwicklung

Quelle: https://de.wikipedia.org/wiki/Ziele_f%C3%BCr_nachhaltige_Entwicklung#/media/Datei:Sustainable_Development_Goals_de.svg (gemeinfrei)

3. Bereitet zu eurem Teilthema eine kurze Präsentation vor, in der ihr …
   a. … das „Problem" kurz dargestellt,
   b. … mögliche Lösungen präsentiert und
   c. … Beispiele für die Umsetzung in der Praxis erläutert.

Thema

A.2 | Material — Themenkarten | Nachhaltige Ernährung

biologisch angebaute Produkte

fairer Handel

Regionalität

Saisonalität

A.2 | Material

Themenkarten | Nachhaltige Ernährung

Fleischkonsum | vegetarische Ernährung

Energieeffizienz

CO_2-Abdruck

Wasserverbrauch

A.2 | Material

Themenkarten | Nachhaltige Ernährung

Mülltrennung

Kompostierung

Einwegprodukte

Weiterverwertung | Foodsharing

A.2 | Material

Themenkarten | Nachhaltige Ernährung

faire Entlohnung

Gesundheitsschutz

Gleichberechtigung

Work-Life-Balance

Modul B: Wie sieht es in der Praxis aus? (Betriebserkundung)

A | How To — Problematisierung aktueller politischer Kontroversen

Umfang: 120 Minuten

Material: Methode: Kugellager | Methode: Meinungsbarometer | A.1: Nachhaltigkeit – Was heißt das eigentlich? | A.2: Nachhaltige Ernährung – gesund und bio? (+ Themenkarten)

Verlaufsplanung

Zeit | Phase	Aktivitäten	Methode | Sozialform	Material
Einstieg *15 Minuten*	**Austausch zur eigenen Person und zum Thema „Nachhaltigkeit“** Als Impulse können für das „Kugellager“ folgende Aussagen verwendet werden: · bei neuer Gruppenkonstellation: Name, Grund für Teilnahme am Workshop · Ich esse am liebsten … | Ich verbinde mit Essen … · Nachhaltigkeit bedeutet für mich … · Ich interesse mich (nicht) für das Thema Nachhaltigkeit, weil …	Kugellager im Plenum	A | Methode: Kugellager ggf. Beamer | Tafel zur Visualisierung der Impulse
Problematisierung und Erarbeitung I *30 Minuten*	**Erarbeitung des Begriffs und Konzepts „Nachhaltigkeit“: Analyse von Definitionen, einer Karikatur und von schematischen Modellen** **Erstellung einer Übersicht zum Konzept „Nachhaltigkeit“**	Einzelarbeit | Gruppenarbeit	A.1 | Nachhaltigkeit – Was heißt das eigentlich? Flipchart-Papier, für die zu erstellenden Übersichten
Sicherung I *15 Minuten*	**Vergleich der Arbeitsergebnisse und Entwicklung eines gemeinsames Begriffsverständnis von Nachhaltigkeit für die Workshops**	Plenum	Arbeitsergebnisse aus der vorherigen Phase
Erarbeitung II *40 Minuten*	**Themen- und Problemsammlung „Nachhaltige Ernährung“** **Kennenlernen der Ziele für nachhaltige Entwicklung (SDGs)** **Erarbeitung eines Themenbausteins** · Auswahl/Zuordnung der Bausteine zu den Gruppen	Gruppenarbeit	A.2 | Nachhaltige Ernährung – gesund und bio? (+ Themenkarten) Tablets | PCs
Sicherung II *20 Minuten*	**Präsentation der Themenbausteine und Klärung von offenen Fragen** **ggf. Meinungsbarometer zur aktuellen Erreichung der SDGs bzw. zu Aussagen zu Nachhaltigkeit bzw. Nachhaltiger Entwicklung**	Plenum	Arbeitsergebnisse aus der vorherigen Phase ggf. Beamer (in Abhängigkeit der Ergebnisformen)

B | Methode — Betriebserkundung

Ziel

Durch die Betriebserkundung können die Teilnehmenden direkte Einblicke in die Praxis gewinnen und organisiert der „Wirklichkeit" begegnen. Dabei stehen die Beobachtung von Handlungsweisen, der Abgleich mit der Theorie und die Befragung von Expert:innen im Mittelpunkt. Bei Betriebserkundungen können „Best-Practice"- oder „Worst-Practice"-Beispiele für den Erkenntnisgewinn gleichbedeutend sein. Im Idealfall können aus der Betriebserkundung Rückschlüsse für das eigene Handeln gezogen werden.

Anwendung

1. **Recherche:** Die Identifizierung eines passenden Betriebs für die Erkundung kann unter Einbindung der Teilnehmenden erfolgen oder im Vorfeld organisiert werden.
2. **Vorbereitung:** Die Teilnehmenden sollen sich mit dem Betrieb auseinandersetzen und Informationen sammeln. Zur Vorentlastung ist es sinnvoll einen Fragekatalog zu erstellen.
3. **Durchführung:** Die Erkundung sollte durch Beobachtungsaufträge begleitet werden.
4. **Reflexion:** Im Anschluss an die Erkundung erfolgt eine Besprechung und Reflexion der Beobachtungsergebnisse und Antworten auf die Fragen. Hierbei kann der Vergleich mit der Theorie oder den bisherigem Wissen erfolgen oder aus der Praxis Ideen für das eigene Handeln abgeleitet werden.

Die Auswahl des Betriebs kann nach unterschiedlichen Kriterien erfolgen: Repräsentativität, Betriebsgröße, Bedeutung (wirtschaftlich/innovativ), Bezug zur Thematik, Erreichbarkeit

Einsatzmöglichkeiten

Die Methode „Betriebserkundung" kann sowohl als **Einstieg** in eine Thematik, während der **Erarbeitung** oder zum **Abschluss** realisiert werden. Wichtig ist es, ausreichend Zeit für die Vor- und Nachbereitung einzuplanen. Die Erkundung kann dabei einen **allgemeinen Einblick** in die wirtschaftlichen Funktionen eines Unternehmens, Produktionsabläufe oder rechtliche Rahmenbedingungen für Mitarbeitende geben. Die Erkundung kann aber auch zu einen **thematischen Schwerpunkt** erfolgen.

Tipp

Erkundung zum Thema „Nachhaltige Ernährung": *Für diesen Schwerpunkt eignen sich z.B. Besuche in Mensen, Restaurants, Bäckereien oder lebensmittelverarbeitenden Betrieben. Auch Einblick in die Lebensmittelindustrie können spannend sein.*

B.1 | Material — Vorbereitung der Betriebserkundung

Wir wollen einen Betrieb aus dem Ernährungs- und Verpflegungsbereich zum Thema „Nachhaltigkeit" erkunden. Eine Betriebserkundung muss dabei sorgfältig vorbereitet werden.

1. Notiere Aspekte von Nachhaltigkeit, die du im Betrieb erkunden könntest.
2. Formuliere Fragen, die du dem Betrieb stellen willst. Ordne die Fragen den Kategorien „Einkauf", „Verarbeitung", „Entsorgung" und „Strukturen/Soziales" zu.

3. Erstelle einen Steckbrief zum Betrieb.
   a. Recherchiere die Informationen im Internet.
   b. Ergänze die fehlenden Informationen während oder nach der Betriebserkundung.

Betrieb

Steckbrief zum Betrieb

Branche:	
Produkte:	
Anzahl der Mitarbeiter:innen:	
Standorte:	
weitere Informationen:	

B.2 | Material

Let‘s go: Betriebserkundung

1. Protokolliert eure Erkenntnisse aus der Betriebserkundung und die Antworten auf eure Fragen zu den Kategorien.
   a. Teilt euch in der Gruppe das Protokollieren auf. *Zum Beispiel könnte jede Person für eine Kategorie zuständig sein.*
   b. Notiert alle wichtigen Informationen zum Thema „Nachhaltigkeit“, die genannt werden. *Fragt nach, wenn ihr etwas nicht verstanden habt.*

Einkauf	
Verarbeitung	
Entsorgung	
Strukturen | Soziales	

B.3 | Material

Und jetzt!? - Erkenntnisse aus der Erkundung

1. Vergleicht eure Beobachtungen und Notizen aus der Erkundung.
2. Ergänzt in der Matrix Aspekte, die ihr gerne in eurem eigenen beruflichen Kontext/eurer Schule/in eurem Alltag …
   a. … übernehmen möchtet,
   b. … auf jeden Fall verhindern wollt und
   c. … nochmal genauer recherchieren müsst.

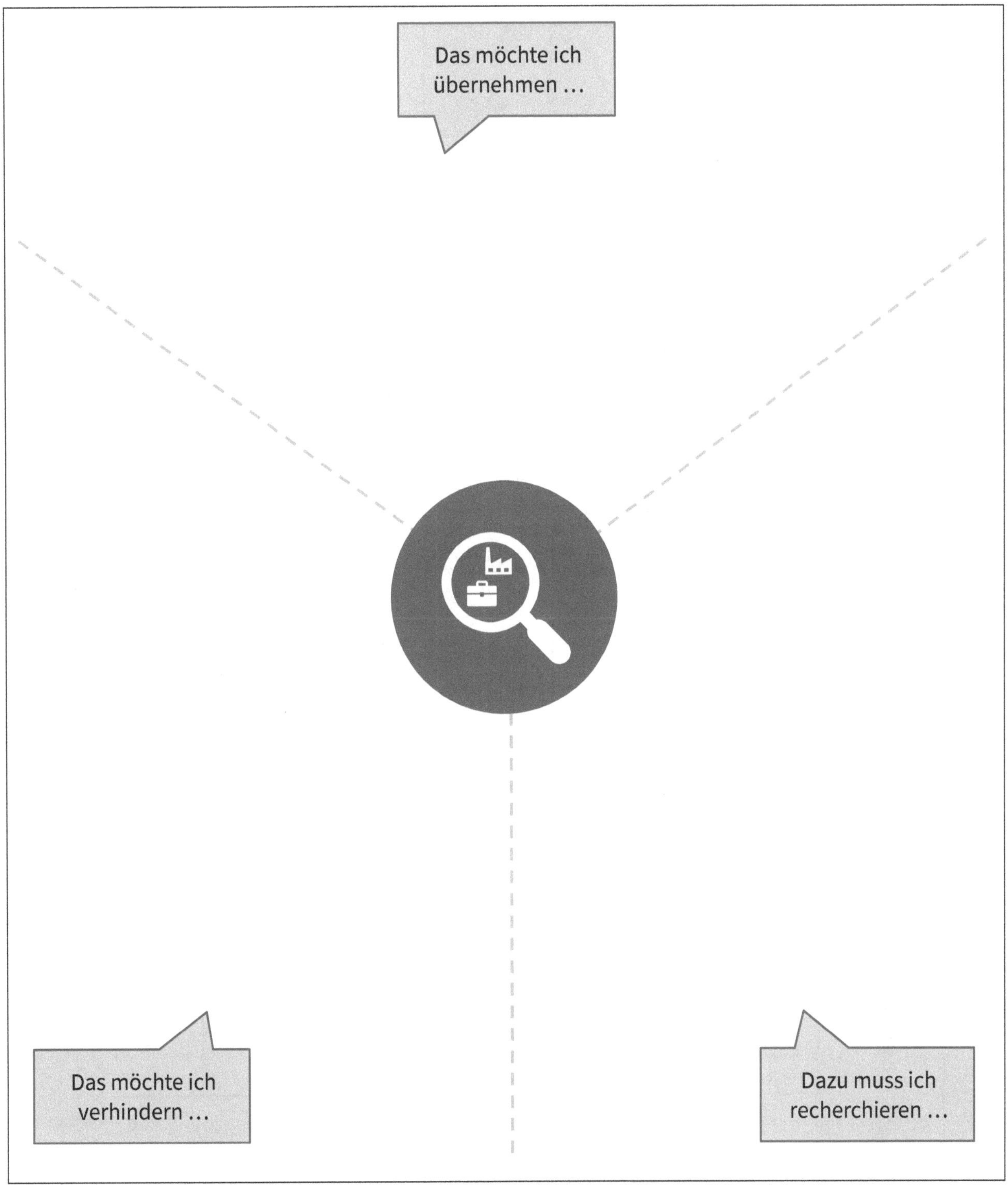

Modul C: Wie wollen wir es machen? (Zukunftswerkstatt)

A | How To

Problematisierung aktueller politischer Kontroversen

Umfang: 120 Minuten

Material: Methode: Kugellager | Methode: Meinungsbarometer | A.1: Nachhaltigkeit – Was heißt das eigentlich? | A.2: Nachhaltige Ernährung – gesund und bio? (+ Themenkarten)

Verlaufsplanung

Zeit | Phase	Aktivitäten	Methode | Sozialform	Material
Einstieg *15 Minuten*	**Austausch zur eigenen Person und zum Thema „Nachhaltigkeit“** Als Impulse können für das „Kugellager“ folgende Aussagen verwendet werden: · bei neuer Gruppenkonstellation: Name, Grund für Teilnahme am Workshop · Ich esse am liebsten … | Ich verbinde mit Essen … · Nachhaltigkeit bedeutet für mich … · Ich interesse mich (nicht) für das Thema Nachhaltigkeit, weil …	Kugellager im Plenum	A | Methode: Kugellager ggf. Beamer | Tafel zur Visualisierung der Impulse
Problematisierung und Erarbeitung I *30 Minuten*	**Erarbeitung des Begriffs und Konzepts „Nachhaltigkeit“: Analyse von Definitionen, einer Karikatur und von schematischen Modellen** **Erstellung einer Übersicht zum Konzept „Nachhaltigkeit“**	Einzelarbeit | Gruppenarbeit	A.1 | Nachhaltigkeit – Was heißt das eigentlich? Flipchart-Papier, für die zu erstellenden Übersichten
Sicherung I *15 Minuten*	**Vergleich der Arbeitsergebnisse und Entwicklung eines gemeinsames Begriffsverständnis von Nachhaltigkeit für die Workshops**	Plenum	Arbeitsergebnisse aus der vorherigen Phase
Erarbeitung II *40 Minuten*	**Themen- und Problemsammlung „Nachhaltige Ernährung“** **Kennenlernen der Ziele für nachhaltige Entwicklung (SDGs)** **Erarbeitung eines Themenbausteins** · Auswahl/Zuordnung der Bausteine zu den Gruppen	Gruppenarbeit	A.2 | Nachhaltige Ernährung – gesund und bio? (+ Themenkarten) Tablets | PCs
Sicherung II *20 Minuten*	**Präsentation der Themenbausteine und Klärung von offenen Fragen** **ggf. Meinungsbarometer zur aktuellen Erreichung der SDGs bzw. zu Aussagen zu Nachhaltigkeit bzw. Nachhaltiger Entwicklung**	Plenum	Arbeitsergebnisse aus der vorherigen Phase ggf. Beamer (in Abhängigkeit der Ergebnisformen)

C | Hintergrund — Bildung für nachhaltige Entwicklung

BNE – mehr als nur zu Lernen, was Nachhaltigkeit heißt!

Bildung für nachhaltige Entwicklung ist ein Konzept, das verschiedene Wurzeln hat. Aus der Umweltbewegung der siebziger und achtziger Jahre des letzten Jahrhunderts hat sich die Umweltbildung entwickelt. Mit Umweltbildung soll zur Entwicklung von Lebensstilen beigetragen werden, die natur-, umwelt- und sozialverträglich sind. Ein entsprechendes Denken und Handeln soll reflektiert, die Stellung des Menschen in und mit der Natur thematisiert werden. Aufgrund der Komplexität von Umweltthemen sind diese in der Schule nicht allein durch ein Fach zu erschließen. Der naturwissenschaftliche Zugang ist dabei nur einer von mehreren. Auch lebensweltliche, sozialwissenschaftliche oder auch historische Perspektiven der Erschließung sind notwendig.
Seit Beginn der neunziger Jahre hat sich Globales Lernen als Begriff für ein Forschungs- und Arbeitsfeld durchgesetzt, das zuvor als entwicklungspolitische Bildung bezeichnet wurde. Der Begriff ersetzt oder integriert ältere Konzepte, wie etwa die Dritte-Welt-Pädagogik, Friedenserziehung, interkulturelles Lernen, Menschenrechtsbildung, Ökopädagogik oder ökumenische Bildung.
Der Diskurs um BNE, seit Ende der achtziger Jahre und dann verstärkt seit der Konferenz für Umwelt und Entwicklung in Rio de Janeiro 1992, sorgte für ein Zusammengehen der Bildungskonzepte „Umweltbildung" und „Globales Lernen", orientiert am Leitbild nachhaltiger Entwicklung.

Bildung für nachhaltige Entwicklung (BNE) stellt den pädagogischen Gesamtrahmen, um Ansätze nachhaltige Entwicklung durch Lernformate zu verwirklichen. Lernen bedeutet im Kontext nachhaltiger Entwicklung, in „konkreten Handlungsfeldern Fragen zu bearbeiten, wie sich die Zukunft nachhaltiger gestalten lässt". In der deutschen Diskussion über Bildung für eine nachhaltige Entwicklung wurden unter Bezug auf OECD-Diskussionen Kompetenzvorstellungen definiert, von denen man erwartet, dass sie eine aktive, reflektierte und kooperative Teilhabe an dem Gestaltungsauftrag einer nachhaltigen Entwicklung ermöglichen. Häufig wird der Erwerb von Gestaltungskompetenz als zentrales Ziel benannt (De Haan/Harenberg 1999).
Im deutschen Schulkontext stellt der „Orientierungsrahmen für den Lernbereich Globale Entwicklung" einen weiteren wichtigen Ankerpunkt dar. Im Orientierungsrahmen werden fünf Leitideen genannt, die für die Erreichung der Ziele von BNE notwendig sind. Dazu gehören die „Orientierung am Leitbild der nachhaltigen Entwicklung", die „Analyse von Entwicklungsprozessen auf unterschiedlichen Handlungsebenen", der „Umgang mit Vielfalt", die „Fähigkeit zum Perspektivwechsel" und schließlich die „Kontext- und Lebensweltorientierung" (KMK 2016).

Literaturhinweise

- Grundmann, Diana (2017): Bildung für nachhaltige Entwicklung in Schulen verankern. Handlungsfelder, Strategien und Rahmenbedingungen der Schulentwicklung. Wiesbaden: Springer VS.
- De Haan, Gerhard/Harenberg, Dorothee (1999): Bildung für eine nachhaltige Entwicklung. Gutachten zum Programm. Heft 72. BLK.
- KMK (2016): Gemeinsames Projekt der Kultusministerkonferenz (KMK) und des Bundesministeriums für wirtschaftliche Zusammenarbeit und Entwicklung (BMZ): Orientierungsrahmen für den Lernbereich Globale Entwicklung im Rahmen einer Bildung für nachhaltige Entwicklung.

C | Methode — Zukunftswerkstatt

Ziel

Die Methode „Zukunftswerkstatt“ ermöglicht die Beteiligung an Partizipationsprozessen und ermutigt zur Partizipation. Gleichzeitig werden Kreativität und Gestaltungs- sowie Handlungskompetenz der Teilnehmenden gefördert. Die Methode setzt an den Interessen und Bedarfen der Teilnehmenden an. Durch den Dreischritt aus Kritik, Utopie und Realisierung verbleibt die Methode nicht auf der Ebene des Beschwerens, sondern ermöglicht Selbstwirksamkeit durch den Entwurf von Utopien und die Aushandlung von Realisierungsmöglichkeiten in der Praxis.

Anwendung

1. **Vorbereitungsphase:** Im Vorfeld der Zukunftswerkstatt muss das Thema bzw. die Fragestellung festgelegt werden. Außerdem muss die anleitende Person sicherstellen, dass das Material (Moderations- und Bastelmaterialien, ggf. Technik) vorhanden ist.

2. **Kritik- und Beschwerdephase:** In dieser Phase sammeln die Teilnehmenden alle Aspekte die am Thema kritikwürdig, nicht funktionsfähig oder verbesserungsbedürftig sind. Als Impuls bietet sich hier eine Frage an, die auf die Probleme und negativen Punkte abzielt. Die Ergebnisse werden gesammelt und bei Bedarf hierarchisiert.

3. **Utopie- und Fantasiephase:** In dieser Phase entwickeln die Teilnehmenden die ideale Lösung bzw. Vorstellung für die „Zukunft“. Oft steht dabei die Verbesserung der Kritikpunkte im Fokus, aber auch darüber hinaus können Änderungen erdacht werden. In dieser Phase soll ein „kreatives Produkt“ (Zeichnung, grafische Darstellung, Songtext/Rap, Gedicht, Geschichte …) entstehen.

4. **Realisierungsphase:** Zum Abschluss sollen nun die Ideen aus der Utopiephase in realisierbare Schritte „übersetzt“ werden. Wichtig ist es hierbei auch zu analysieren, wer die Veränderungen umsetzen kann, welche Unterstützung dafür notwendig ist und welche Bedingungen erfüllt werden müssen. Die Forderungen der Teilnehmenden können im Anschluss an Entscheidungsakteur:innen weitergegeben werden.

intuitiv-emotionale Ideen ↓ rational-analytische Lösungen

verändert nach Boeser (2007) / Frech (2020)

Material

- Moderationsmaterial (Stifte, Moderationskarten, Plakate/Flipchart-Papier, Pinnwände)
- Bastelmaterial (z.B. Bunt-/Filzstifte, Scheren, Knete, Legosteine …)
- Medientechnik (Tablets, Smartphones, PCs)

Literatur

- *Boeser, Christian (2007): Zukunftswerkstatt. In: Richter, Dagmar/ Reinhardt, Sybille (Hrsg.): Politik-Methodik. Handbuch für die Sekundarstufe I und II. Cornelsen-Verlag.*
- *Frech, Siegfried (2020): Zukunftswerkstatt. In: Achour, Sabine/ Frech, Siegfried/ Massing, Peter/ Strassner, Veit (Hrsg.): Methodentraining für den Politikunterricht. Wochenschau-Verlag.*

C.1 | Material

So geht es nicht weiter: Kritik- und Utopiephase

Wenn ich an unsere Schulcafeteria | Schulmensa denke, ärgert mich unter Nachhaltigkeitsaspekten …

1. <u>Notiere</u> deine Ideen. *Hier gibt es keine falschen Antworten.*

Mich stört …

Ich ärgere mich über …

Das muss sich endlich ändern …

Darüber bin ich wütend …

Das kann so nicht weitergehen …

Wenn ich zaubern könnte, würde unsere Schulcafeteria | Schulmensa so aussehen/sein ...

2. Entwerft in der Gruppe eurer „ideales“ Schulcafé bzw. eure „ideale“ Schulmensa.
Euren Ideen sind dabei keine Grenzen gesetzt.

Ideen für Produkte

Stop-Motion-Film	„Explainity“-Film	Gedicht
Rap | Song	Standbild	Theaterszene
Mind-Map	Bild | Zeichnung	Rollenspiel
Lego-/Knetmodell	Rede	Podcast

Notizen | Ideen | Skizzen | Pläne

C.2 | Material

Aus Träumen wird Wirklichkeit: Realisierungsphase

Wie setzen wir unsere Ideen um ...

1. Diskutiert in der Gruppe: Was muss geschehen, damit eure Ideen Wirklichkeit werden?
2. Entwickelt einen Maßnahmenkatalog, in dem ihr eure Ideen benennt, notiert welche Unterstützung ihr benötigt und bestimmt, wer die Entscheidung für die Maßnahme treffen kann.

Unser nachhaltiges Schulcafe | Unsere nachhaltige Schulmensa

Maßnahme	notwendige Unterstützung	„Entscheider:in“

Tipp

Viele Maßnahmen gleichzeitig umzusetzen, kann eine Herausforderung darstellen. Überlegt, ob ihr die Maßnahmen priorisieren könnt: *Was ist euch am wichtigsten?*

3. Stellt Forderungen an die Politik bzw. die Gesellschaft auf. Gestaltet dazu Plakate oder Forderungsschilder, die eure Botschaft prägnant grafisch oder als Text wiedergeben.

Tipp

Eine Forderung muss prägnant (kurz und deutlich), gut verständlich und über-zeugend sein, wenn sie Umsetzung finden soll. *Ein Plakat könntet ihr zum Beispiel so gestalten:*

EUER THEMA

Forderung in einem Satz | Spruch

Nutzt aussagekräftige Bilder und Farben!

Ideen | Skizzen:

Modul D: Wie überzeugen wir andere? (Markt der Möglichkeiten)

D | How To — Markt der Möglichkeiten

Umfang: 120 Minuten

Material: Methode: Markt der Möglichkeiten | D.1: Was wächst denn da? – Saisonkalender | D.2: Und wie schmeckt es? – Verkostung I | D.3: Und wie schmeckt es? – Verkostung II | D.4: Ab in die Tonne – Mülltrennung | D.5: Quiz-Vorlage

Verlaufsplanung

Zeit | Phase	Aktivitäten	Methode | Sozialform	Material
Methoden-einführung *10 Minuten*	**Vorstellung der Methode „Markt der Möglichkeiten**	Plenum	D | Methode: Markt der Möglichkeiten
Vorbereitung *50 Minuten*	**Vorbereitung der „Markstände“** · Material D.1-D.5 können als Strukturierung genutzt werden, aber auch individuelle Gestaltung möglich · enge Betreuung der Gruppen zielführend **Probelauf der „Markstände“ mit einer weiteren Gruppe**	Gruppenarbeit	D.1 – D.5.
Markt der Möglichkeiten *40 Minuten*	**Aufbau des Markts am ausgewählten Ort** **Realisierung des Markts der Möglichkeiten** · Besuch der Marktstände von Publikumsverkehr oder eingeladenen Gäst:innen	Markt der Möglichkeiten	
Auswertung & Reflexion *20 Minuten*	**Auswertung des eigenen Marktstands in der Gruppe** **Reflexion des gesamten Markts der Möglichkeiten** · mögliche Impulse: Wie war das Feedback? Wie habt ihr euch in der Rolle der Präsentierenden gefühlt? …	Gruppenarbeit Plenum	

D | Methode — Markt der Möglichkeiten

Ziel

Durch einen „Markt der Möglichkeiten“ können Ideen und Arbeitsergebnisse von Einzelpersonen oder Gruppen in kreativen Formaten präsentiert werden. Dabei werden an einem Informationsstand Plakate, Anschauungsobjekte oder Produkte vorgestellt und die Gäst:innen des Marktes zur Interaktion eingeladen. Durch die Methode erhalten die Teilnehmenden zum einen die Chance ihre Ideen zu präsentieren, können üben diese zu verbalisieren und erhalten direkte Rückmeldung von anderen Personen. Der Markt kann innerhalb der Gruppe oder in einem größerem Rahmen durchgeführt werden.

Anwendung

1. **Planung:** Die organisierende Person muss zu Beginn die Rahmenbedingungen klären. Dazu zählen der Ort, die potenziellen Gäst:innen und das Format.

2. **Vorbereitung:** In der Vorbereitungsphase erarbeiten sich die Teilnehmenden ihr Thema und planen einen Infostand auf dem Markt der Möglichkeiten. Neben Informationen sollte hier auch ein interaktiver Teil geplant werden.

3. **Umsetzung:** Die „Marktstände“ müssen aufgebaut werden. Im Anschluss können sich die Gäst:innen an den Ständen informieren, Dinge ausprobieren oder selbst aktiv werden. Die anleitende Person sollte hier eine Steuerungsfunktion übernehmen (Verteilung der Personen, Zeitablauf), die Teilnehmenden betreuen die Stände.

4. **Reflexion:** In der Reflexion moderiert die anleitende Person einen Austausch über die Rückmeldungen der Gäst:innen. Außerdem sollte ein Rückblick auf die „eigenen Gefühle“ während des Markts erfolgen.

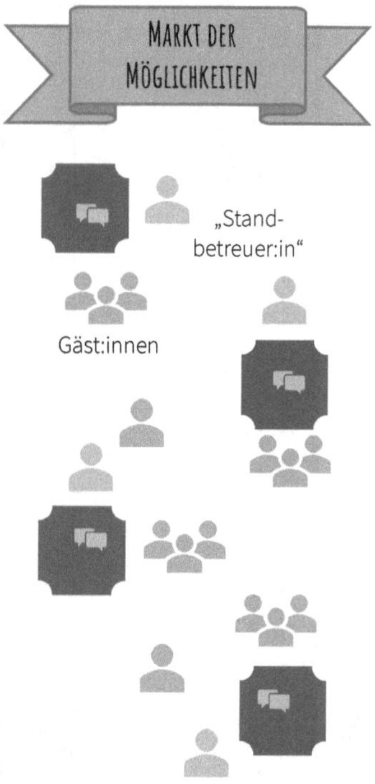

Einsatzmöglichkeiten

Die Methode „Markt der Möglichkeiten“ eignet sich um **Arbeitsergebnisse vorzustellen**, die auch für andere Personengruppen von Interesse sind oder zu denen von anderen Personen Rückmeldungen eingeholt werden sollen. Beachtet werden muss, dass die Teilnehmenden ihre Ideen ggf. vor einer größeren Gruppe vorstellen müssen. Daher sollten bereits im Vorfeld niedrigschwellige Präsentationsmöglichkeiten eingeübt werden.

Tipp

Markt der Möglichkeiten zum Thema „Nachhaltige Ernährung“: *Als Standort für einen Markt der Möglichkeiten bieten sich zum Beispiel die Cafeteria oder die Mensa an. Als Teilnehmende können andere Nutzer:innen der Orte eingeladen werden.*

D.1 | Material — Was wächst denn da? – Saisonkalender

„Saisonkalender“ zeigen, welche Obst- und Gemüsesorten zu welcher Zeit geerntet werden können. Durch saisonale Produkte kann der CO_2-Abdruck reduziert werden. Finde heraus, wie!?

1. Recherchiert zum Thema saisonale Lebensmittel und erstellt ein Infoplakat für euren Stand auf dem Markt der Möglichkeiten, auf dem ihre eure Ideen vorstellt.
2. Bereitet mithilfe der Materialien ein „Saisonkalender“-Spiel/Quiz vor.

Tipp

Ihr könnt zum Beispiel herausfinden, in welchen Monaten die Gemüse- und Obstsorten Saison haben und diese dann am Stand von den Gäst:innen zuordnen lassen. Recherchiert gerne noch weitere Sorten.

Eine andere Möglichkeit besteht darin, dass nach der Zuordnung der Sorten zu den Monaten, für jeden Monat ein saisonales Gericht zusammengestellt wird.

Vielleicht habt ihr aber auch noch ganz andere Ideen …

Bildquellen: Flaticon.com

D.2 | Material — Und wie schmeckt es? - Verkostung I

Eine wichtige Komponente beim Essen ist der Geschmack. Schmecken nachhaltige Produkte besser oder gar schlechter? Probiert es aus und lasst die Marktbesucher:innen entscheiden ...

1. Recherchiert zum Thema Food-Sharing/Verschwendung und erstellt ein Infoplakat für euren Stand auf dem Markt der Möglichkeiten, auf dem ihre eure Ideen vorstellt.
2. Bereitet einen Marktstand vor, an dem nachhaltige Produkte verkostet werden können.

Rezept | Produkte

Ihr könnt z.B. über „Foodsharing" Lebensmittel retten und damit etwas kochen/backen.

Wer merkt es: Bananenbrot aus „braunen" Bananen oder frisch gekauften Bananen ...

Ergebnis der Verkostung

Wie schmeckt es? Wer schmeckt einen Unterschied?

D.3 | Material

Und wie schmeckt es? - Verkostung II

Eine wichtige Komponente beim Essen ist der Geschmack. Schmecken nachhaltige Produkte besser oder gar schlechter? Probiert es aus und lasst die Marktbesucher:innen entscheiden ...

1. Recherchiert zum Thema Fleischkonsum und erstellt ein Infoplakat für euren Stand auf dem Markt der Möglichkeiten, auf dem ihre eure Ideen vorstellt.
2. Bereitet einen Marktstand vor, an dem fleischlose Produkte verkostet werden können.

Rezept | Produkte

Die Supermärkt bieten mittlerweile eine große Auswahl an vegetarischen Alternativen!

„Veganes Mett" – Wie geht das? Findet es heraus und macht den Geschmackstest.

Ergebnis der Verkostung

Wie schmeckt es? Wer schmeckt einen Unterschied?

D.4 | Material

Ab in die Tonne! - Mülltrennung

Papier, Plastik, Biomüll oder gelber Punkt – gar nicht so leicht? Mit ein bisschen Übung werdet ihr zu Recycling-Expert:innen und findet auch für knifflige Reste die richtige Tonne.

1. Recherchiert zum Thema Mülltrennung und Recyling und erstellt ein Infoplakat für euren Stand auf dem Markt der Möglichkeiten, auf dem ihre eure Ideen vorstellt.
2. Bereitet einen Marktstand mit ein Mülltrennungsspiel bzw. Quiz vor.

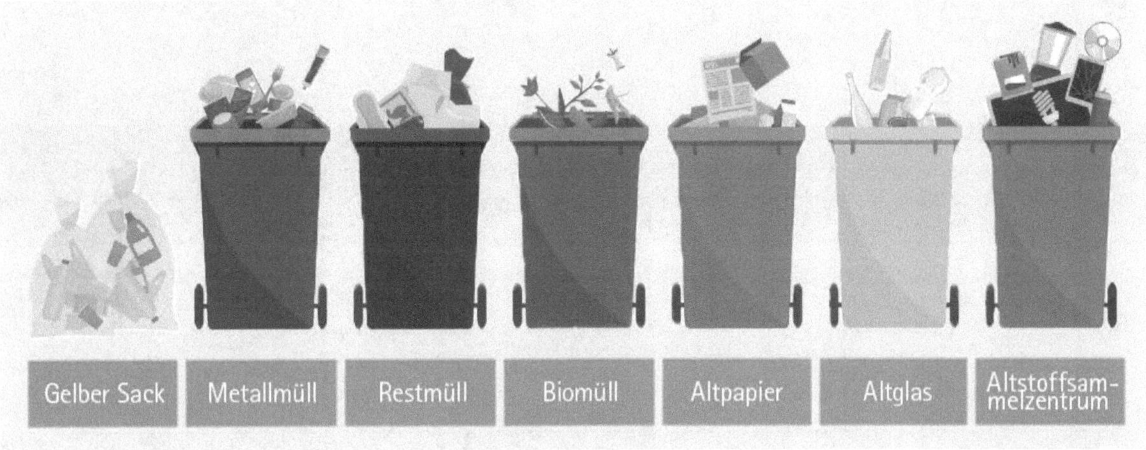

Bildquelle: https://www.naturabiomat.com/inzukunft-artikel/thema-mulltrennung

Eure Marktstand-Idee

D.5 | Material — Quiz-Vorlage

1. Erstellt eine Quiz, das an eurem Marktstand ausgefüllt/gespielt werde kann.

Notiert hier eure Frage.

1. Frage:

A:	B:	C:

Notiert hier die Antwortmöglichkeiten.

2. Frage:

A:	B:	C:

3. Frage:

A:	B:	C:

4. Frage:

A:	B:	C:

5. Frage:

A:	B:	C:

Anzahl der Punkte:

Modul E: Wie setzen wir unsere Ideen um? (Speed-Talk)

E | How To — Speed-Talk

Umfang: 180 Minuten

Material: Methode: Speed-Talk | E.1: Im Austausch mit Politik und Gesellschaft | E.2: Talk-Protokoll und Vereinbarungen | E.3: Dating-Profil | E.4: Reflexion zum Speed-Talk

Verlaufsplanung

Zeit | Phase	Aktivitäten	Methode | Sozialform	Material
Vorbereitung *30 Minuten*	**Formulierung von Forderungen und Fragen für den Speed-Talk** · idealerweise in Gruppen, die später auch gemeinsam an einem Speed-Talk-Tisch sitzen · Rückgriff auf die Forderungen aus der Zukunftswerkstatt **Erstellen von Dating-Profilen zu den eingeladenen Gäst:innen** **ggf. Vorstellung und Erläuterung der Methode und des Ablaufs**	Gruppenarbeit	E.1 | Im Austausch mit Politik und Gesellschaft E.3 | Dating-Profil
Speed-Talk *90 Minuten*	**Durchführung des Speed-Talks** · Sitzordnung entsprechend der Teilnehmenden-Anzahl · Dauer der Talk-Runden planen und kommunizieren · Pausen zwischen den Talk-Phasen berücksichtigen **Protokollieren des Speed-Talks und Treffen von Vereinbarungen** **ggf. Ergänzen der Dating-Profile**	Speed-Talk	E.2: Talk-Protokoll und Vereinbarungen E.3 | Dating-Profil
Nachbereitung | Reflexion *30 Minuten*	**Individuelle Reflexion des Formats und der Gespräche** **Diskussion des Formats und der Gespräche im Plenum** · Inwiefern haben euch die Antworten der Gesprächspartner:innen zufriedengestellt? · Was hättet ihr euch noch gewünscht? Was hat euch gefehlt? · Inwiefern wurden eure Ideen und Forderungen ernst genommen? · Inwiefern glaubt ihr, dass eure Impulse etwas auf politischer Ebene ändern? · Mit welchen Gefühlen geht ihr aus dem „Speed"-Talk? · Was würdet ihr bei einen zukünftigen Austausch mit Poltiker:innen verändern bzw. anders machen?	Einzelarbeit Plenum	E.4 | Reflexion zum Speed-Talk

E | Hintergrund

Politische Bildung für nachhaltige Entwicklung

Politische BNE – Mehr als die Verknüpfung von Gestaltungs- und Politikkompetenz!

Bildung für nachhaltige Entwicklung wurde in Deutschland lange überwiegend durch die Erziehungswissenschaften und pädagogischen Disziplinen geprägt. In den letzten Jahren setzt jedoch eine verstärkte systematische politikdidaktische Aufarbeitung ein, die notwendig ist, um die Entpolitisierung des Bildungsansatzes zu verhindern. Das Zusammendenken von politischer Bildung und Bildung für nachhaltige Entwicklung bietet sich durch viele Übereinstimmungen und Anknüpfungspunkte an. So kann eine politische BNE die Defizite der singulären Bildungsansätze ausgleichen und muss nicht als additive Aufgabe, sondern als Chance zu Integration in bestehende Bildungspraxen verstanden werden.

In Ansätzen der BNE werden häufig Aspekte der „politics"- und „polity"-Dimensionen vernachlässigt. Außerdem besteht die Neigung Konflikte eher zu harmonisieren oder nicht vordergründig zu thematisieren. Die dem Thema Nachhaltigkeit inhärenten Konflikte bieten sich aus Sicht der politischen Bildung jedoch explizit an und sollten in den Mittelpunkt gestellt werden, um kritisches und ambiguitätsbewusstes Denken und Handeln zu fördern, das erst im Diskurs ermittelt wird. Ein zweites Defizit der BNE, dem durch die Verknüpfung mit politischer Bildung begegnet werden kann, besteht in der übergroßen Verantwortungszuweisung an Lernende (Individualisierung), die sich auch im Modell der Gestaltungskompetenz zeigt. Der Fokus einer politischen BNE liegt daher eher auf der gesellschaftlich und politischen Ebene, die zur Lösung von Problemlagen betrachtet werden.

Das Konzept der Nachhaltigen Entwicklung stellt den normativen Rahmen für BNE dar. Vereinzelt wird daher immer wieder kritisiert, dass durch BNE dem Überwältigungsverbot und dem Kontroversitätsgebot des Beutelsbacher Konsens nicht ausreichend Rechnung getragen wird. Diesem Vorwurf kann und muss deutlich widersprochen werden. Die Ziele Nachhaltiger Entwicklung lassen sich zum einen bereits aus dem Grundgesetz (vgl. Artikel 20a) ableiten und sind in den Schulgesetzen, Verordnungen und Rahmenlehrplänen verankert, zum anderen bieten die Zielkonflikte innerhalb Nachhaltiger Entwicklung ein enorm großes Maß an Kontroversität, die mit Interessenvielfalt und Multiperspektivität einhergeht. Auch die Anbahnung von politischem Handeln – simulativ oder real – stellt bei Einhalten der Freiwilligkeit kein Argument gegen BNE und das Überwältigungsverbot dar.

Literaturhinweise

- Achour, Sabine (2023): Politische Bildung für eine (nicht) distanzierte Mitte. In: Zick, Andreas; Küpper, Beater; Mokros, Nico (Hg.): Die distanzierte Mitte. Rechtsextreme und demokratiegefährdende Einstellungen in Deutschland 2022/23.
- Brosi, Annabell (2021): Politische Bildung und Bildung für nachhaltige Entwicklung (BNE) – Stand der Beziehung. Fachstelle für politische Bildung. https://transfer-politische-bildung.de/transfermaterial/veroeffentlichungen
- Röll-Berge, Katharina/Schmidt, Jonas (2024 i.E.): Kompetenzen für eine (berufliche) politische BNE – Konzeptionelle Ansätze und Einblicke in das Praxisprojekt „Berufsschule meets Uni". In: Wochenschau Sek. I + II. Sonderausgabe Bildung für nachhaltige Entwicklung. 24s. Frankfurt a.M.

E | Methode — Speed-Talk

Ziel

Der „Speed-Talk“ bietet eine niedrigschwellige Möglichkeit, um mit Akteur:innen ins Gespräch zu kommen. Das Format orientiert sich an dem bekannten „Speed-Dating“. Mit der Methode wird das Ziel verfolgt, einen strukturierten und fokussierten Austausch zu einem Thema zu fördern. In kurzen „Talk“-Phasen können Ideen und Arbeitsergebnisse präsentiert, Rückmeldungen bzw. Feedback eingeholt und Fragen gestellt werden. Durch diese Methode nehmen sich die Teilnehmenden als Expert:innen war und die Selbstwirksamkeit kann gestärkt werden.

Anwendung

1. **Planung:** Mit zeitlichem Vorlauf muss die anleitende Person Gäst:innen für den „Speed-Talk“ identifizieren und einladen. In diesem Prozess können die Teilnehmenden auch eingebunden werden.

2. **Vorbereitung:** Vor dem „Talk“ muss die anleitende Person das Format den Teilnehmenden erklären. Je nach Gruppe sollten bereits konkrete Gesprächsleitfäden und Fragen erarbeitet werden.

3. **Durchführung:** Während der Durchführung muss die anleitende Person den Wechsel der Gesprächspartner:innen ankündigen und auf die Zeit achten. Die Teilnehmenden sind hier dann im Austausch. Die Dauer der Talks ist flexibel.

4. **Reflexion:** Die Erfahrungen aus den Gespräch müssen reflektiert werden. Diese Phase kann eher auf der inhaltlichen Ebene (Was wurde gesagt?) oder auf der Meta-Ebene (Wie ging es mir? Wie habe ich die Gespräch wahrgenommen? Was nehme ich mit?) erfolgen.

Im „Speed-Talk“ können die Teilnehmenden oder die Gäst:innen den Platz wechseln.

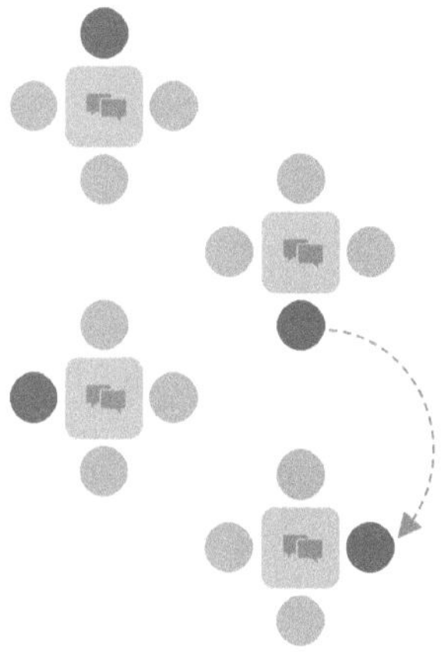

Einsatzmöglichkeiten

Der „Speed-Talk“ stellt eine alternatives **Diskussions- und Gesprächsformat** zur Podiumsdiskussion dar. Das Format ermöglicht einen niedrigschwelligen Zugang und verlagert die Gespräche in einen kleineren Rahmen. Daher ist es besonders geeignet, um eher zurückhaltende Teilnehmende zum **Austausch** zu ermutigen. Die Methode kann einen **handlungsorientierten Abschluss** einer Reihe darstellen und mit einer anschließenden Reflexion auch **urteilsbildende Momente** für die Teilnehmenden integrieren.

Tipp

Zusammensetzung und Themen der Gesprächsrunden: *Die Ausgestaltung der „Talks“ kann durch Planungsentscheidungen gesteuert werden. Die einzelnen Runden des „Speed-Talks“ können zu unterschiedlichen Themen stattfinden. Die Themen können aber auch identisch bleiben, um unterschiedliche Positionen der Gäst:innen kennenzulernen. Die Zusammensetzung der Gruppen der Teilnehmenden sollte – wie bei allen Gruppensozialformen – ebenfalls geplant werden.*

E.1 | Material — Im Austausch mit Politik und Gesellschaft

Du hast dich in den bisherigen Workshops mit die „Neugestaltung“ der Cafeteria oder Mensa beschäftigt und über die Realisierung einer nachhaltigen Ernährung nachgedacht. Heute kannst du deine Ideen mit Politiker:innen und Akteur:innen teilen, Feedback erhalten und Forderungen stellen.

1. Formuliert in eurer Gruppe mindestens drei Forderungen und dazugehörige Fragen an eure Gesprächspartner:innen.
Denkt dabei an eure Ideen, Ergebnisse und Fragen aus den letzten Workshops.

Forderung

Fragen | Notizen

Forderung

Fragen | Notizen

Forderung

Fragen | Notizen

E.2 | Material — Talk-Protokoll und Vereinbarungen

Nicht alle Informationen aus dem „Speed-Talk" könnt ihr euch merken. Daher ist es wichtig, dass in jeder Gesprächsrunde eine Person Protokoll schreibt. So gehen keine Gesprächsinhalte verloren.

1. Notiert die Antworten auf eure Fragen und Forderungen stichpunktartig.
2. Wenn ihre eine Vereinbarung im Talk trefft, haltet die Vereinbarung schriftlich fest und lasst sie unterschreiben.

Talk mit ____________________

Vereinbarung:

Talk mit ____________________

Vereinbarung:

Talk mit ____________

Vereinbarung:

Talk mit ____________

Vereinbarung:

Talk mit ____________

Vereinbarung:

E.3 | Material „Dating“-Profil

1. Recherchiert zu euren Gesprächspartner:innen.
2. Erstellt ein „Dating“-Profil mit den wichtigsten Informationen.
3. *Bei Bedarf: Ergänzt das Profil im „Talk“.*

Name:

Funktion:

Lebenslauf

Foto

Positionen zum Thema

„interessante Fakten“

E.4 | Material — Reflexion zum „Speed-Talk“

1. Bewertet den „Speed“-Talk anhand der folgenden Kategorien.

Kategorie	Verteile Sterne!
Inhalte der Antworten	☆ ☆ ☆ ☆ ☆
Verständlichkeit der Antworten	☆ ☆ ☆ ☆ ☆
Eingehen auf Forderungen und Ideen	☆ ☆ ☆ ☆ ☆

Kreuze deine Position an!

Gar nicht! ↔ Auf jeden Fall!

Ich habe mich in den Gesprächsrunden wohlgefühlt.

Ich konnte mich in den Gesprächen mit meinen Ideen einbringen.

Ich habe das Gefühl, es bestand Interesse an unseren Ideen.

Unsere Forderungen werden „mitgenommen“ und berücksichtigt.

Das würde ich noch gerne sagen:

2. Diskutiert in der Klasse zu folgenden Fragen:
   a. *Mit welchen Gefühlen geht ihr aus dem „Speed“-Talk?*
   b. *Inwiefern haben euch die Antworten der Gesprächspartner:innen zufriedengestellt?*
   c. *Was hättet ihr euch noch gewünscht? Was hat euch gefehlt?*
   d. *Inwiefern wurden eure Ideen und Forderungen ernst genommen?*
   e. *Inwiefern glaubt ihr, dass eure Impulse etwas auf politischer Ebene ändern?*
   f. *Was würdet ihr bei einem zukünftigen Austausch mit Politiker:innen verändern bzw. anders machen?*

Forschung: Evaluationsergebnisse

Konzeption der Evaluation

Im Projekt „Berufsschule meets Uni" erfolgte die systematische Aufarbeitung der politischen Dimensionen und die Präzisierung des domänenspezifischen Beitrags von politischer Bildung zu BNE. Dabei konnten durch das Projektseminar mit Lehramtsstudierende und durch die Workshops mit Berufsschüler:innen die Vorteile von politischer Bildung und BNE vereint und Schwachpunkte adressiert werden.

Das Projekt legte den Fokus auf Lernende an beruflichen Schulen, die als Zielgruppe von Formaten der politischen Bildung und BNE noch unterrepräsentiert sind. „Berufsschule meets Uni" leistete dadurch einen Beitrag, die quantitative und qualitative Ausgestaltung von BNE an Berufsschulen zu stärken und darüber hinaus Disparitäten, die durch eine politische Ungleichheit entlang der sozialen Ungleichheit gekennzeichnet sind (vgl. Achour/Wagner 2019), zu reduzieren. Berufsschüler:innen sollten durch das Projekt nicht mehr „aus dem Nachdenken über die Zukunft unserer Welt" (Hemkes et al. 2022: 13) ausgeschlossen werden, sondern als „Change-Agents" die Diffusion von nachhaltiger Entwicklung in Schule und Beruf unterstützen. Gleichzeitig wurde die Begegnung zwischen „Universität" und „Berufsschule" gefördert, die durch das Bildungssystem und die individuellen Bildungsbiografien der Schüler:innen und der Berufsschullehrer:innen eher wenige Vernetzungen aufweisen.

Das Projekt adressierte das Ziel, Konflikte im Rahmen von nachhaltiger Entwicklung als Chance zur demokratischen Auseinandersetzung zu fokussieren, Urteile zu diesen Kontroversen zu entwickeln und gesellschaftliche Partizipationsprozesse zu erfahren. Der zentralen Herausforderungen der Herstellung eines Lebensweltbezugs und der Verdeutlichung der politischen Dimensionen im privaten, schulischen und beruflichen Alltag, wird durch die handlungsorientierten Workshopmodule begegnet. Das Projekt unterstützte die Chance, Kompetenzen für eine politische berufliche BNE zielgerichtet zu erwerben, diese in den praktischen Teilen der Ausbildung zu nutzen oder in den späteren Berufsalltag zu integrieren. Dabei wurden gleichzeitig „Resonanzräume" (vgl. Wittau 2024) offeriert, um möglichen Ambivalenzen zwischen in der Berufsschule transportieren Inhalten bzw. den dort realisierten Nachhaltigkeitsaspekten und der Umsetzung bzw. Realisierung im Betrieb zu begegnen. Durch die Einbindung von Betriebserkundungen wurden ergänzende Perspektiven zu den „kognitivistischen Vermittlungspraktiken in der Schule" (Jansen/Oeftering 2024: 44) berücksichtigt. Dabei wurden Herausforderungen und Umsetzungsdefizite im betrieblichen Alltag identifiziert und es konnten gemeinsam (politische) Lösungen entwickelt werden. Durch diese konzeptionelle Konstruktion wurde ermöglicht, „das politische Verstehen als Prozess des induktiven und deduktiven Schlussfolgerns [...] explizit in den Fokus des gemeinsamen Erschließens zu rücken" (Jansen/Oeftering 2024: 45).

Die Gestaltung der Workshops ermöglichte simulierte und reale Erfahrungen auf individueller und kollektiver Ebene und unterstützte damit den Erwerb von Selbstwirksamkeitserfahrungen. Durch den Austausch mit der Schulgemeinschaft sowie den politischen und gesellschaftlichen Akteur:innen wurde auch der Gefahr der Individualisierung und übermäßigen Verantwortungszuweisung an einzelne Individuen begegnet und kollektive Erfahrungen wurden angebahnt. Mit der starken Fokussierung auf die Selbstwirksamkeit wurde auch Unsicherheiten über die eigenen Kompetenzen, die in Zukunft relevant sein können, „um sich in einer sich transformierenden Welt erfolgreich bewegen zu können" (Schröder/Kroh 2024: 21) begegnet. Die im Projekt offerierte Möglichkeit Erarbeitung von Zukunftsvisionen, „die im Einklang mit [...] eigenen Werten und Normen stehen", stärkte die Berufsschüler:innen als „resiliente Subjekte" (ebd.).

Die Konzeption, Operationalisierung und Evaluation eines politikdidaktischen Kompetenzmodells für eine (berufliche) BNE sowie deren Wirksamkeit rahmte den Modellversuch auf theoretischer Ebene und adressierte ein bestehendes Forschungsdesiderat. So bestanden aktuell erste Modelle für eine politische BNE und eine berufliche BNE. Die Verknüpfung der beiden Ansätze als politische berufliche BNE ist jedoch auf Ebene der Kompetenzen nur bedingt exploriert und vor allem nicht ausreichend empirisch fundiert. Die duale Fokussetzung auf den berufsschulischen Bereich und die Lehrkräfteausbildung stellt dabei eine weitere Innovation zur Begegnung der bestehenden Desiderate dar.

Durch Fortbildungsformate und Informations- sowie Unterrichtsmaterialien konnten auch Lehrer:innen Kompetenzen für eine politische berufliche BNE erwerben. Dadurch wurde die Diffusion der Ergebnisse gestärkt und der Übergang vom Projekt in durchgängige und etablierte Strukturen an beruflichen Schulen gefördert.

Erhebungsdesign

Die Evaluation des Projektes erfolgte angelehnt an eine Interventionsstudie durch Pre- und Post-Erhebungen. Die Interventionen stellten dabei die Teilnahme am Seminar für Lehramtsstudierende und die Teilnahme an den Workshopmodulen für Berufsschüler:innen dar. Die Evaluation erfolgte über alle Durchgänge und somit über vier Seminare und vier Schüler:innengruppen. Die Erhebung setzte sich dabei jeweils aus einem Interview und ab dem zweiten Durchgang einem ergänzenden Fragebogen zusammen. Aufgrund heterogener Schüler:innengruppen (z.B. Berufsvorbereitungsphase, Ausbildung und berufliches Gymnasium) wurden die Erhebungsinstrumente jeweils angepasst.

In den Erhebungen wurden das allgemeine politische Interesse sowie das Interesse, Wissen und selbstwahrgenommene Kompetenzen in Bezug auf Nachhaltigkeit, nachhaltige Ernährung, Herausforderungen und Bewältigungsstrategien bei der Umsetzung von Nachhaltigkeit sowie die Handlungsbereitschaft auf individueller, schulischer, beruflicher und politischer Ebene erfasst. Da die Selbstwirksamkeit, die wir als Bewertung der individuellen Kompetenzen, eine (neue bzw. nicht routinisierte) Handlung realisieren zu können, definieren, aus unserer Sicht eine zentrale Verbindung zwischen prozeduralen politischen Kompetenzen und Kompetenzen im Rahmen von nachhaltiger Entwicklung darstellt, steht sie im Mittelpunkt der Evaluation. Dazu gehören die Dimensionen der „internal efficacy" und der „external efficacy" sowie die Selbstwirksamkeit in der Schule, in der Ausbildungspraxis und im Beruf. Die Fragen zur „internal/external efficacy" sind dabei an den Items der „Political Efficacy Kurzskala" von Beierlein et al. (2014) angelehnt.

Die folgenden Ergebnisse basieren auf zusammenfassenden Vorauswertungen der Interviews und Fragebögen.

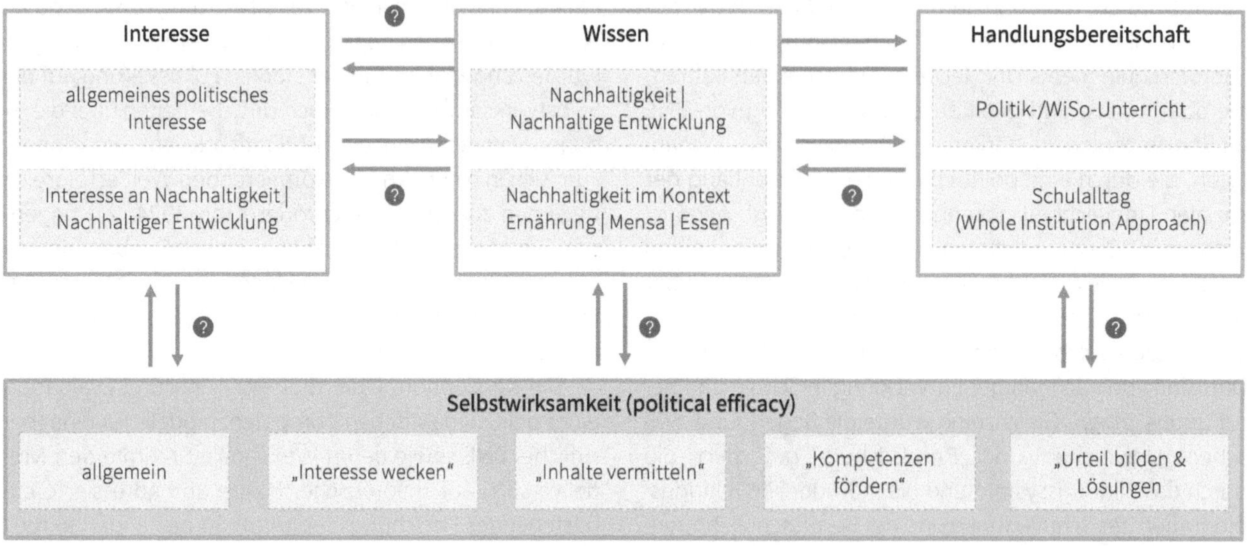

Abbildung 8: Kompetenzmodell für eine politische BNE – Lehramtsstudierende (Quelle: eigene Darstellung)

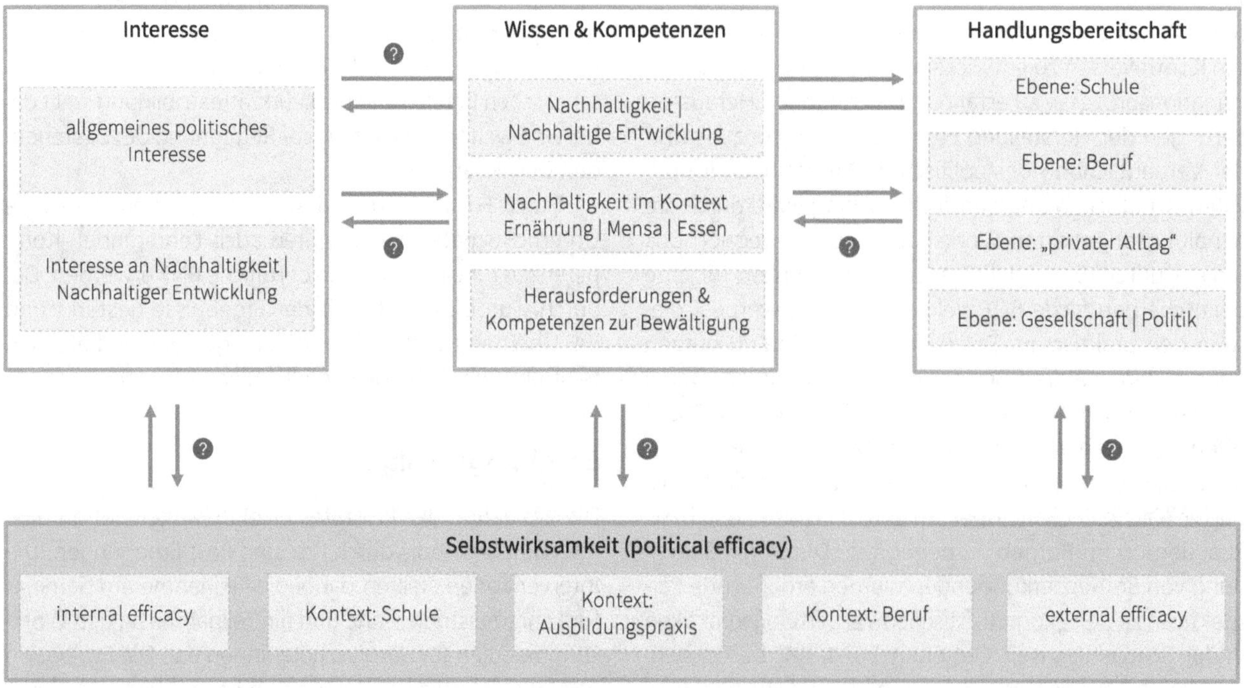

Abbildung 9: Kompetenzmodell für eine politische BNE – Berufsschüler:innen (Quelle: eigene Darstellung)

Ergebnisse: Lehramtsstudierende

Bei den Studierenden zeigt sich die Zunahme an Wissen über Nachhaltigkeit und methodisch-didaktischen Überlegungen zu politscher BNE. Bereits vor der Teilnahme am Seminar zeigt sich im Pretest eine hohe Handlungsbereitschaft zur Umsetzung von BNE-Angeboten in der späteren eigenen beruflichen Praxis. Die Handlungsbereitschaft der Teilnehmenden am Seminar erhöht sich im Post-Test trotz hoher Ausgangswerte.

Die Einschätzung der Selbstwirksamkeit nahm bei allen Seminarteilnehmenden zu. Diese Zunahme lässt sich über alle erfassten Dimensionen zeigen. Besonders in Bezug auf das Herstellen von Adressat:innenorientierung, auf die didaktische Reduktion des Themas Nachhaltigkeit und auf die Realisierung eines Kompetenzerwerbs im Bereich der Urteils- und Gestaltungskompetenzen lässt sich durch die Teilnahme am Seminar ein verstärktes Zutrauen in die eigenen Fähigkeiten bei den Lehramtsstudierende erkennen.

Als Herausforderungen für die Umsetzung von politischer BNE werden besonders häufig die Gefahr der „Beeinflussung" der Schüler:innen durch die Normativität des Inhaltes bei gleichzeitiger Kenntnis über die mögliche Konformität mit dem Beutelsbacher Konsens genannt. Als weitere Hürde wird die angenommene fehlende Abbildung in Rahmenlehrplänen benannt.

Ergebnisse: Berufsschüler:innen

Im Pre-Test zeigt sich bei den Schüler:innen ein geringer Kenntnisstand zum Thema nachhaltige Entwicklung. Häufig wurde nur die ökologische Komponente mit dem Themenfeld verknüpft und überwiegend Möglichkeiten der individuellen Verhaltensänderungen benannt. Das Thema wurde oft mit Einschränkungen, auf die individuelle Lebensführung verknüpft, als eher uninteressantes Thema beschrieben und in der Mehrheit der Interviews wird die Sorge vor Überforderung und fehlenden Kompetenzen in diesem Bereich deutlich.

Nach der Teilnahme an den Workshopmodulen lässt sich ein deutlich höherer Kenntnisstand bei den Berufsschüler:innen feststellen. Insbesondere eine ganzheitlichere Vorstellung des Themas und Wissen über Handlungsoptionen über die individuelle Ebene hinaus sind dabei in den Interviews und Fragebögen zu erkennen. Besonders positiv wurden die handlungsorientierten Methoden und die Austauschformate auf schulischer und politischer Ebene durch die Schüler:innen bewertet.

Die Teilnehmenden gaben an, sich als Expert:innen für das Thema „nachhaltige Ernährung" wahrzunehmen. Die Bereitschaft, die erworbenen Kenntnissen und Kompetenzen in schulische, ausbildungsbezogene und spätere berufliche Kontexte einzubringen, wird bei einem Großteil der Schüler:innen deutlich und eine hohe Selbstwirksamkeits-Wahrnehmung zeichnet sich ab. Auf der beruflichen Ebene besteht die Sorge, die entwickelten Ideen aufgrund von Vorgaben oder zu geringen Einflussmöglichkeiten nicht im beruflichen Alltag umsetzen zu können. Gleichzeitig berichten die Berufsschüler:innen aber von erworbenen Strategien, mit diesen Erfahrungen auf individueller Ebene umzugehen oder der Motivation, kollektiv nach Lösungen zu suchen.

Zitate aus den Interview mit Berufsschüler:innen vor dem Projekt

„Ich weiß nicht wirklich, was Nachhaltigkeit ist. Also ich höre das manchmal und dann heißt es, dein Verhalten ist schlecht und du musst dich ändern. Ich will mich aber gar nicht ändern und weiß auch nicht, wie ich mich verändern soll [...]"

„Also ja, ich mach schon etwas für die Umwelt, also für die Nachhaltigkeit. Ich schmeiße keinen Müll auf den Boden. Manchmal macht Nachhaltigkeit oder sowas, alles aber auch nicht besser. CapriSonne hat jetzt Papierstrohhalme und jetzt funktioniert es irgendwie nicht mehr richtig."

„Also ich glaube schon, dass wir als Schüler auch was zu Nachhaltigkeit wissen und gute Ideen haben. Aber das interessiert jetzt die Lehrer oder Politiker – also z.B. Olaf Scholz – nicht."

Zitate aus den Interview mit Berufsschüler:innen nach dem Projekt

„Also Politiker sieht man ja immer nur Nachrichten und ich fand es gut, manche Politiker jetzt so zu sehen [...]. Und dann konnten wir mit ihnen auch noch unsere Themen besprechen und ihnen sagen, was aktuell bei der Nachhaltigkeit nicht klappt." – Schülerin (17)

„Ich mache jetzt mein Praktikum zum Beispiel in einem Hotel. Und da würde ich schon denken, dass ich, aber vor allem auch das Hotel als Ganzes auf Nachhaltigkeit achten muss. Ich denke schon, dass ich auch etwas sagen würde, wenn sie bestimmte Dinge nicht nachhaltig machen." – Schüler (16)

„Also wir sind in Klammern ja nur Schüler und das ist eine kleine Stimme sozusagen von uns. Aber wir wussten viel über das Thema, haben damit ja auch Erfahrung und mit ein bisschen Glück werden die Politiker auf uns vertrauen und etwas umsetzen." – Schülerin (17)

Transfer: Roadmap für die eigenen Schulentwicklung

Ernährung ist mehr als nur Verpflegung und Versorgung – sie ist ein zentraler Aspekt gesellschaftlicher Transformation und individueller täglicher Entscheidungspraxis. In Schulen wird jeden Tag geplant, eingekauft, gekocht, konsumiert und entsorgt. Diese Prozesse haben auf lokaler und globaler Ebene ökologische, soziale und ökonomische Auswirkungen. Gleichzeitig ist die Schule ein Lern- und Lebensort, an dem Kompetenzen, Haltungen und Werte gelernt und diskutiert werden. Ernährung eignet sich damit in besonderem Maße, um die abstrakte Idee „nachhaltige Entwicklung" in konkretes, handlungsorientiertes und politisches Handeln zu übersetzen.

Das Projekt „Berufsschule meets Uni" und die Arbeitsmaterialien zur „Nachhaltigen Ernährung" zeigen auf, wie durch politische Bildung für nachhaltige Entwicklung zentrale Kompetenzen erworben werden können: Konzeptuelles Deutungswissen, Analysekompetenz und Urteilskompetenz. Diese können im Rahmen von Schulentwicklung die Schule nicht nur als Lernort, sondern auch als Lebensort nachhaltig verändern. Ernährung kann damit zum Ausgangspunkt einer umfassenden Schulentwicklung bzw. Schultransformation werden. Damit diese Prozesse als strukturierter Weg zur Veränderung von allen Akteur:innen in der Schule wahrgenommen werden, ist die Realisierung von vier Phasen von essenzieller Bedeutung: Klärung der Zielsetzung, Planung des Vorgehens, partizipative und mit einen offenen Fehlerkultur verbundene Umsetzung und Evaluation von Prozess und Ergebnis.

Phase 1: Zielsetzung – Nachhaltige Ernährung als Entwicklungsziel

Zu Beginn muss ein gemeinsames Verständnis geschaffen werden, warum nachhaltige Ernährung für den eigenen Alltag, die eigene Schule und die Gesellschaft relevant ist. Dies kann im Rahmen eines Studientags für das pädagogische Personal, eines Schüler:innenparlaments oder Projekttags für die Schüler:innen oder einer gemeinsamen thematischen Konferenz aller schulischen Akteur:innen erfolgen. Oft ist die Diskussion über das Thema Ernährung Ausgangspunkt für viele weitere Fragen nachhaltiger Entwicklung:

- Welche Werte wollen wir als Schule vertreten?
- Welche Auswirkungen hat unser Handeln auf Umwelt, Klima und Gesellschaft?
- Wie können wir Verantwortung für unser direktes Umfeld und für globale Zusammenhänge übernehmen?

Ein Schulentwicklungsprozess sollte mit einer klaren gemeinsamen Vision starten. Als Grundlage für diese Diskussion können Materialien aus Modul A der Workshop-Reihe dienen (z. B. Meinungsbarometer zur Bedeutung von Nachhaltigkeit, Erwerb von Wissen über Definitionen und Identifizieren der möglichen Zielkonflikte).

Das Finden einer gemeinsamen Vision, eines im wahrsten Sinne des Wortes gemeinsamen Zukunftsbilds zur nachhaltigen Ernährung gelingt nur, wenn sie partizipativ erarbeitet und getragen wird. Schüler:innen sollen dabei von Beginn an einbezogen werden. Sie bringen eigene Sichtweisen, Wünsche und Kritik ein. Lehrkräfte und pädagogisches Personal tragen dazu bei, ein gemeinsames Verständnis von Nachhaltigkeit im Kollegium zu entwickeln. Eltern können über Elternabende oder Befragungen beteiligt werden, insbesondere bei Themen wie Essenverpflegung in Mensa oder Cafeteria. Ausbildungsbetriebe und lokale Unternehmen werden eingebunden, um ihre Perspektive beizusteuern. Die Politik kann im Rahmen von Informationsveranstaltungen und Kick-Off-Veranstaltungen einbezogen werden. Ziel ist es, ein gemeinsames Leitbild zu entwickeln, das auf breiter Basis Zustimmung findet und das als Fundament für die nächsten Phasen dient.

Phase 2: Planung – Nachhaltigkeit konkret gestalten

Auf die Zielsetzung folgt eine konkrete Planungsphase. In dieser geht es um die Erarbeitung von Maßnahmen, Zuständigkeiten und Zeitplänen. Die Zukunftswerkstatt (Modul C) bietet hier einen passenden und partizipativen methodischen Rahmen: Schüler:innen benennen Kritikpunkte (z. B. ungesunde Speisen, übermäßiger Verpackungsmüll, fehlende vegetarische Optionen) und entwickeln utopische, kreative Gegenentwürfe. Diese werden in der Realisierungsphase in konkrete Maßnahmen übersetzt.

Beispiele für mögliche Maßnahmen:

- Einführung einer vegetarischen Woche oder eines „regionalen Tages" in der Mensa
- Kooperation mit einem lokalen Biohof oder Cateringunternehmen
- Aufbau eines Schulgartens, der von Klassen gepflegt und genutzt wird
- Müllvermeidungskonzepte (z. B. Abschaffung von Einwegplastik)
- Fortbildungen für das Küchenpersonal zu saisonalem Kochen

In dieser Phase ist es wichtig, alle schulischen Gruppen aktiv einzubeziehen – nicht nur Lehrkräfte und Schüler:innen, sondern auch Hausmeister:innen, Schulverwaltung, Küchenpersonal und Eltern. Auch die Rückkopplung mit Betrieben und Unternehmen sollte hier bereits beginnen, um die entwickelten Ideen über den Lern- und Lebensort Schule hinaus zu transportieren. Oft bietet es sich an, zunächst mit Pilotprojekten zu starten und Erfahrungen in der Praxis zu sammeln.

Gleichzeitig sollte der Kontakt zur lokalen Politik aufgenommen bzw. aus der Leitbildentwicklung in der ersten Phasen gehalten werden. Der Austausch mit politischen Akteur:innen stärkt dabei das politische Lernen der Schüler:innen und verankert Schule stärker im sozialen und gesellschaftlichen Raum.

Phase 3: Umsetzung – Von der Idee zur Praxis

Die Umsetzung der geplanten Maßnahmen sollte durch Projekte, Lernsettings und Veranstaltungen begleitet werden. Die Workshop-Reihe bietet dafür vielfältige Formate:

- Betriebserkundung (Modul B): Schüler:innen erkunden Restaurants, Großküchen oder Bauernhöfe. Sie analysieren Einkauf, Verarbeitung und Entsorgung und vergleichen mit eigenen Schulstrukturen.
- Markt der Möglichkeiten (Modul D): In Arbeitsgruppen werden Ideen zur nachhaltigen Ernährung aufbereitet und kreativ in Form von Ständen, Spielen, Verkostungen und Infomaterialien präsentiert.
- Speed-Talk (Modul E): Schüler:innen treten in den Dialog mit Politiker:innen, Verwaltungsmitarbeitenden und NGOs. Dabei werden Fragen gestellt, Forderungen diskutiert und Vereinbarungen getroffen.

Durch diese Formate wird politisches Handeln erlebbar. Schüler:innen erfahren, dass ihre Stimme zählt und dass sie konkret zu Veränderung beitragen können. Der schulische Alltag wird dabei zum praktischen „Labor" für Partizipation, Urteilsbildung und gesellschaftliche Mitgestaltung. Besonders bedeutsam ist der Perspektivwechsel: Die Schüler:innen lernen, wie Zielkonflikte auftreten, analysiert und abgewogen werden müssen – eine zentrale Kompetenz im Sinne nachhaltigkeitsbezogener politischer Mündigkeit.

Phase 4: Evaluation – Fortschritte sichtbar machen

Die Evaluation des Entwicklungsprozesses ist zentral, um Herausforderungen und Erfolge sichtbar zu machen, Akzeptanz zu erreichen und nächste Schritte angehen zu können. Dabei sollten sowohl qualitative als auch quantitative Formate Berücksichtigung finden. Beispielhaft können folgende Möglichkeiten genannt werden:

- Schüler:innenbefragungen und Befragungen des pädagogischen Personals zur Zufriedenheit mit dem Essensangebot
- Wirkung der Entwicklungsprozesse in die Ausbildungsbetriebe der Schüler:innen hinein
- CO_2-Bilanzen oder Berechnungen durch Anpassungen oder Umstrukturierungen
- Dokumentationen der Projekte (Fotos, Videos, Podcasts, Berichte ...)
- Reflexionen der Beteiligten über den eigenen Lernprozess
- Veränderungen, die durch den Austausch mit der Politik, über die Schule hinaus erreicht werden konnten

Auch hier kann der „Speed-Talk" als Abschlussformat genutzt werden, um Ergebnisse zu präsentieren und gemeinsam mit politischen und gesellschaftlichen Vertreter:innen die nächsten Schritte anzugehen. Damit entsteht ein dauerhafter Austausch zwischen Schule und Gesellschaft bzw. Politik.

Fazit: Nachhaltige Transformation gestalten

Die ersten Ergebnisse der Evaluation zeigen, dass es unter Berücksichtigung der Rahmenbedingungen und unter Antizipation der bestehenden Herausforderungen bei der Umsetzung von Bildungsangeboten zur nachhaltigen Entwicklung gelingen kann, eine kompetenzorientierte und wirksame politische berufliche BNE zu realisieren. Die Verknüpfung von Lehramtsausbildung und Berufsbildung offeriert dabei die Möglichkeit in beiden Zielgruppen Handlungs- und Gestaltungskompetenzen, politische Urteilsfähigkeit und Selbstwirksamkeit zu fördern. Dabei ist es wichtig, die unterschiedlichen Handlungsebenen (persönlicher Alltag, Schule, Ausbildung und Beruf) gemeinsam zu denken und die Hürden bei der Umsetzung einer nachhaltigen Entwicklung in Abhängigkeit der eigenen Position zu reflektieren, um Überforderung und „Ohnmachtserfahrungen" insbesondere auf der beruflichen Ebene zu verhindern. Es braucht die strukturelle Verankerung von Angeboten einer politischen (beruflichen) BNE in der Lehrkräfteaus- und -fortbildung sowie an den beruflichen Schulen, um alle Beteiligten im Sinne einer „nachhaltigen Mündigkeit" die Partizipation an den systemischen Transformationsprozessen zu ermöglichen.

Es wird darüber hinaus deutlich, dass eine Politisierung von Alltagsfragen im Kontext von BNE (hier: Welche strukturellen Änderungen kann und muss es geben, um Gemeinschaftsverpflegung nachhaltiger werden zu lassen?) mit Hilfe der didaktischen Grundprinzipien und Ziele politischer Bildung gelingen kann. Die individuelle Handlungsebene wurde im Verlauf der Workshopreihe verlassen, Urteilsbildung wurde angestrebt und politische Handlungskompetenz gefördert.

Das Bindeglied zwischen diesen prozeduralen politischen Kompetenzen und der BNE sehen wir dabei ganz besonders im Bereich der Selbstwirksamkeit. Diese stellt unserer Ansicht nach einen zentralen Schlüssel für eine erfolgreiche politische berufliche BNE dar. Sie zu fördern ist weniger kompliziert als häufig angenommen: Unser Projekt zeigt, wie effizient relativ niedrigschwellige kollaborative Lernformate zur Förderung von „nachhaltiger Mündigkeit" – im Sinne einer selbstbestimmten, politischen Gestaltungskompetenz – beitragen können.

Nachhaltige Ernährung bietet eine hervorragende Gelegenheit, Schulentwicklung ganzheitlich, demokratisch und zukunftsorientiert zu gestalten. Die Materialien in diesem Buch liefern hierzu methodisch und didaktisch überlegte Impulse und der Kompetenzerwerb im Bereich der politischen BNE schafft die Grundlage für eigenverantwortliches und reflektiertes Handeln. Entscheidend ist dabei: Schulentwicklung darf nicht „top-down" gedacht werden. Nur wenn alle Akteur:innen beteiligt sind, kann echte Transformation gelingen.

Literatur

Achour, Sabine (2023): Politische Bildung für eine (nicht) distanzierte Mitte. In: Zick, Andreas/Küpper, Beate/Mokros, Nico (Hg.): Die distanzierte Mitte. Rechtsextreme und demokratiegefährdende Einstellungen in Deutschland 2022/23. Bonn, S. 355–376.

Achour, Sabine/Wagner, Susanne (2019): Wer hat, dem wird gegeben: Politische Bildung an Schulen. Bestandsaufnahme, Rückschlüsse und Handlungsempfehlungen. Berlin.

Beierlein, Constanze/Kemper, Christoph J./Kovaleva, Anastassyia/Rammstedt, Beatrice (2014): Political Efficacy Kurzskala (PEKS). Zusammenstellung sozialwissenschaftlicher Items und Skalen (ZIS). Mannheim.

Brosi, Annabell (2021): Politische Bildung und Bildung für nachhaltige Entwicklung (BNE)- Stand der Beziehung. https://transfer-politische-bildung.de/mitteilung/artikel/politische-bildung-und-bildung-fuer-nachhaltige-entwicklung-bne-stand-der-beziehung/ (Zugriff: 3.8.24).

Detjen, Joachim/Massing, Peter/Richter, Dagmar/Weißeno, Georg (2012): Politikkompetenz – ein Modell. Wiesbaden.

Grund, Julius/Brock, Antje (2022): Formale Bildung in Zeiten von Krisen – die Rolle von Nachhaltigkeit in Schule, Ausbildung und Hochschule. Berlin.

de Haan, Gerhard (2008): Gestaltungskompetenz als Kompetenzkonzept der Bildung für nachhaltige Entwicklung. In: Bormann, Inka/de Haan, Gerhard (Hg.): Kompetenzen der Bildung für nachhaltige Entwicklung. Operationalisierung, Messung, Rahmenbedingungen, Befunde. Wiesbaden. S. 23–44.

Hemkes, Barbara/Rudolf, Karsten/Zurstrassen, Bettina (2022): Warum Nachhaltigkeit, Berufsbildung und politische Bildung gut zusammengehören. In: Hemkes, Barbara/Rudolf, Karsten/Zurstrassen, Bettina (Hg.): Handbuch Nachhaltigkeit in der Berufsbildung: Politische Bildung als Gestaltungsaufgabe. Frankfurt/M., S. 11–17.

Holst, Jorrit (2022): Nachhaltigkeit & BNE in der Beruflichen Bildung: Dynamik in Ordnungs- mitteln, Potentiale bei Berufen, Lernorten und in der Qualifizierung von Ausbildenden. Kurzbericht des Nationalen Monitorings zu Bildung für Nachhaltige Entwicklung (BNE). Berlin.

Holst, Jorrit/Singer-Brodowski, Mandy (2020): Bildung für nachhaltige Entwicklung (BNE) in der Beruflichen Bildung: Strukturelle Verankerung zwischen Ordnungsmitteln und Nachhaltigkeitsprogrammatik. Berlin.

Jansen, Annegret/Oeftering, Tonio (2024): Außerschulische Begegnungen im Konfliktfeld Landwirtschaft und Ernährung – empirische Befunde und Handlungsempfehlungen für die politische Bildungspraxis. In: Wochenschau-Sonderausgabe: Bildung für Nachhaltige Entwicklung, Heft 24s. Frankfurt/M., S. 41–45.

Mertineit, Klaus-Dieter (2022): Lernorte der beruflichen Bildung nachhaltig gestalten. In: Hemkes, Barbara/Rudolf, Karsten/Zurstrassen, Bettina (Hg.): Handbuch Nachhaltigkeit in der Berufsbildung: Politische Bildung als Gestaltungsaufgabe. Frankfurt/M., S. 243–252.

Overwien, Bernd (2020): Bildung für nachhaltige Entwicklung und politische Bildung. In: Bade, Gesine/Henkel, Nicholas/Reef, Bernd (Hg.): Politische Bildung: vielfältig – kontrovers – global. Festschrift für Bernd Overwien. Frankfurt/M., S. 230–247.

Röll-Berge, Katharina/Schmidt, Jonas (2024): Kompetenzen für eine (berufliche) politische BNE – Konzeptionelle Ansätze und Einblicke in das Praxisprojekt „Berufsschule meets Uni". In: Wochenschau-Sonderausgabe: Bildung für Nachhaltige Entwicklung, Heft 24s. Frankfurt/M., S. 28–33.

Reusswig, Fritz/Küpper, Beate (2023): Klimapolitische Einstellungen im Kontext des Krieges gegen die Ukraine. In: Zick, Andreas/Küpper, Beate/Mokros, Nico (Hg.): Die distanzierte Mitte. Rechtsextreme und demokratiegefährdende Einstellungen in Deutschland 2022/23. Bonn, S. 289–314.

Schröder, Hendrik Kasper/Kroh, Anne (2024): Auswege aus der Krise: Die Möglichkeiten der politischen Resilienz. In: Wochenschau-Sonderausgabe: Bildung für Nachhaltige Entwicklung, Heft 24s. Frankfurt/M., S. 18–21.

Singer-Brodowski, Mandy/Grapentin-Rimek, Theresa 2019: Die Transformation der beruflichen Bildung für nachhaltige Entwicklung voranbringen. Berlin.

Stomporowski, Stephan/Laux, Benjamin (2019); Nachhaltig handeln im Hotel- und Gastgewerbe: Maßnahmen erfolgreich einführen und umsetzen, UVK Verlag, München.

Weselek, Johanna (2022): Bildung für nachhaltige Entwicklung zwischen politischer Erwartung und schulischer Praxis. Eine bildungs- und umweltsoziologische Analyse. Wiesbaden.

Wittau, Franziska (2024): Die nachhaltige Transformation der Arbeitswelt verstehen, reflektieren und gestalten: Perspektiven der beruflichen BNE. In: Wochenschau-Sonderausgabe: Bildung für Nachhaltige Entwicklung, Heft 24s. Frankfurt/M., S. 22–26.